Prolog

Seit ich denken kann hatte ich immer das Gefühl anders zu sein. Dieses ungute, angsteinflößende Gefühl, nicht richtig zu sein, mir zu viele Gedanken zu machen. Ich fühlte mich oft fehl am Platz und ganz und gar nicht wohl in meiner Haut. Immer wieder wurde mir bewusst, dass ich Schwingungen wahrnahm, deren Existenz sich ein Anderer nicht einmal bewusst war. Mein Zwillingsbruder erklärte mich oft für verrückt, wenn ich ihm davon erzählte. Das machte mir klarer Weise große Angst und folglich kam ich zu der Schlussfolgerung, dass ich es war, mit der etwas nicht stimmte.

Im Laufe meines Lebens erkannte ich natürlich, dass ich eigentlich nicht anders oder sogar falsch war. Für mich war es eine wahnsinnige Erleichterung festzustellen, dass es Menschen gibt, die diese Frequenzen ebenfalls wahrnehmen können. Menschen, die genau so hochsensibel sind wie ich.

Ich sage immer wieder gerne: Es ist eine Gabe und auch ein Fluch. Dafür dass ich es damals so ablehnte, weil ich es einfach nicht besser wusste, möchte ich es heute nicht mehr missen. Denn es ist ein Teil von mir.

Im Laufe meines jungen, aber gezeichneten Lebens, bin ich immer wieder vor Klippen gestanden, die mir oft unüberwindbar erschienen. Wie ihr seht, habe ich sie im Endeffekt ja doch überwunden.

Für alle, die vielleicht gerade an einer Klippe stehen, nicht weiter wissen, vielleicht den Halt oder momentan den Sinn aus den Augen verloren haben. Für all die, die schon so lange kämpfen und einfach keinen Frieden finden und auch jene, die einfach nur in sich- oder aus sich hinaus wachsen wollen. Für die, die einfach nur neugierig oder zufällig hier sind.

Für all euch liebe Menschen, die ich ein Stück auf ihrem Weg begleiten darf. Und euch einen kleinen Einblick in unser Innerstes, unsere Gefühlswelt und dem damit verknüpften Handeln geben und im besten Falle vielleicht sogar etwas verständlicher machen darf. Um mit dir, an dir und für dich zu arbeiten.

Licht und Schatten

Wie überlebe ich das Leben?

"Zum ersten Mal in der Geschichte hängt das physische Überleben der Menschheit von einer radikalen Veränderung des Herzens ab." Erich Fromm

Es ist so schön, dass es dich gibt.

Dein Schatz

Jeder trägt ihn in sich. Diesen ganz besonderen Schatz. Deine wunderbare Seele.
Sie ist ein sehr mächtiges, ja, vielleicht sogar das mächtigste Geschöpf mit dem du es je zu tun haben wirst. Nichts ist echter, nichts ehrlicher, nichts realer und gleichzeitig auch so unbegreiflich. Wissenschaftlich gesehen, existiert sie nicht. Praktisch gesehen, weiß jedes Kind, dass sie es doch tut.

Sie ist der Mittelpunkt deines Seins auf dieser Erde. Von ihr geht alles aus. Denn nur sie alleine macht dich zu dem, was du bist.

Deine Gesundheit, dein Wohlbefinden, jede deiner Emotionen ist auf ihre Existenz zurückzuführen. Du kannst sie nicht täuschen, denn sie ist deine Wahrheit. Du kannst sie nicht verleugnen, denn sie ist ein Teil von dir. Du kannst sie nicht ignorieren, denn sie ist für all deine Normen und Werte ver-antwortlich.

Du kannst sie nicht vergessen, denn sie erinnert dich mit jedem aufkommenden Gefühl daran, dass sie da ist. Was aber genau macht die Seele so mächtig? Was ist es, dass sie so essenziell für uns Menschen macht?

Die Wahrheit ist, dass wir ohne sie nicht wir wären. Wir wären nicht in der Lage zu lieben, zu hassen, zu weinen oder zu lachen.

Wir wären auf eine gewisse Art und Weise identitätslos. Jeder Mensch wäre gleich. Wir würden einfach nur dahin vegetieren und in trister Leere dem Alltag ausgesetzt sein.

Nicht wirklich leben.
Mit Leben, meine ich das wirkliche Leben. Das echte Leben. Mit all seinen schönen, traurigen, ärgerlichen, unvorhersehbaren, wundervollen, ängstlichen, urkomischen, eigenartigen, katastrophalen, einzigartigen, unerträglichen, grandiosen, grauenvollen und sagenhaften Momenten.
Was dieses Leben so schön macht, ist doch die Tatsache, dass jeder Mensch sich voneinander unterscheidet. Jeder von uns hat seine individuelle Persönlichkeit, seine eigenen Vorstellungen, seine eigene Gedankenwelt, seine Talente und Gaben. Das ist auch gut so.
Denn voneinander können wir lernen. Miteinander können wir uns weiterentwickeln. Untereinander können wir uns kennen- und verstehen lernen. Einander können wir unser Eigen weiter schenken, aber auch empfangen. Das ständige Geben und Nehmen gibt dem Leben doch erst Bedeutung.

Erst im ständigen Austausch mit der Welt und seinen Mitmenschen, erfährt man wie unendlich das Spektrum an unterschiedlichen Charakteren hier auf Erden ist. Jeder Mensch ist ein kleines Wunder. Diese unstillbare Ur-Neugier lässt uns jeden Tag aufs Neue hinaus gehen und nach Neuheiten suchen. Sei es dass wir diese in Menschen, Dingen oder Tieren zu finden vermögen. Der Drang Neues zu sehen, zu fühlen oder zu lernen, hört nie auf.

Und deshalb ist die Seele der wohl wertvollste Schatz, der jemals in deinem Besitz sein wird. Und zwar mit dem Wert Du. Denn sie macht dich aus.

Manchmal kommt es vor, dass die Seele verletzt ist. Machmal fühlt man nichts als Schmerz oder Leere. Oftmals kommen Anzeichen wie Antriebslosigkeit, Müdigkeit, Traurigkeit oder Überforderung zu Tage. Die ersten Warnsignale, dass etwas nicht stimmt. Was dann? Wie kommt es dazu?

Vielleicht hast du es selbst gar nicht wirklich wahrgenommen, aber irgendetwas hat dich in deinem Innersten so tief erschüttert, dass du leidest. Vielleicht hast du bewusst versucht ein Gefühl zu unterdrücken. Vielleicht hat dich etwas sehr verletzt und du hast versucht es zu verdrängen. Vielleicht wurdest du enttäuscht oder gedemütigt. Was auch immer geschehen ist, Tatsache ist, dass irgendetwas nicht stimmt und es weh tut. Die gute Nachricht ist: Die Seele ist Teil unseres wunderbaren Körpers. Unser Körper ist nicht einfach nur da, um zu Funktionieren. Nein, vielmehr ist unser Körper ein essentieller Teil unserer Seele.

Was viele nicht wissen ist, dass die Seele ursprünglich aus Geist und Körper zusammen gesetzt wurde. Im Laufe der Zeit hat sich dieses Ganze jedoch in zwei Teile gespalten. Die Medien und Schönheitsideale tragen tagtäglich dazu bei, dass wir unseren Körper dazu missbrauchen, um dem vorgegebenen Idealismus möglichst nahe zu kommen. Wir glauben, dass wir uns gut fühlen und wohl fühlen, wenn wir das vorgeschriebene Ideal einmal erreicht haben und unser Aussehen den surreal vorgegebenen Vorstellungen entspricht. Dabei geht dann oft die Verbindung zu uns selbst verloren, weil wir uns nur mehr darauf reduzieren, was wir alles können sollten, wie wir aussehen sollten, wie wir der Perfektion so nahe wie möglich kommen könnten.

Geist und Körper sind keine Einheit mehr, sondern zwei seelenlose Teile eines einst seelenvollen Ganzen.

Die Folge ist dann, dass wir anfangen uns nicht wohl zu fühlen, zu hassen wie wir aussehen, uns selbst zu missachten, vielleicht sogar zu misshandeln.

Was kann man also tun? Höre in dich hinein. Nimmst du die Signale deines Körpers überhaupt noch wahr oder ignorierst du diese bewusst, um nicht in deinem zielorientierten Streben gebremst zu werden?

Schätzt du diesen überhaupt noch? Ist dir bewusst, was er täglich für dich tut? All die Wunder, die er vollbringt. Ohne jemals einen Gedanken daran zu verschwenden, versorgt er dein Gehirn mit ausreichend Blut, lässt dein Herz schlagen, lässt dich laufen, gehen und stehen. All die Befehle, die du ihm laufend gibst, ohne sie vielleicht bewusst wahrzunehmen, führt er aus.

Oft wird einem erst dann bewusst, dass das alles nicht selbstverständlich ist, wenn es einmal nicht mehr möglich ist, nicht mehr so funktioniert, wie wir es gewohnt sind. Wenn wir krank oder verletzt sind regen wir uns auf, dass es nicht so ist wie 'immer' und verfluchen diese vorübergehende Einschränkung. Wieso also deinem lieben Körper nicht lieber in bester Gesundheit Wertschätzung und Dankbarkeit entgegenbringen, anstatt ihm nur dann deine Aufmerksamkeit zu widmen, wenn etwas nicht in Ordnung ist?

Lerne die Signale deines Körpers zu jeder Zeit wahrzunehmen. Wenn es dir gut geht und du entspannt bist, nimm die Zufriedenheit deines Körpers wahr. Wenn du voller Tatendrang und Elan bist, nimm die freudige Unruhe in dir wahr. Wenn du hungrig bist und dich nach Nahrung sehnst, nimm auch das wahr und gib dir selbst, was du brauchst. Wenn du gestresst und erschöpft bist, gönne dir die Ruhe, nach der dir ist und lasse es zu, dass du dich wieder erholst. Je mehr du darauf achtest, desto schneller wirst du wieder in einem Dialog mit deinem lieben Körper sein. Deine Seele wird aus den zwei Teilen wieder zu dem ursprünglichen Ganzen zusammenwachsen, genau so, wie es einst vorgesehen war.

Masken und Mauern

Wenn man dich fragen würde, wer du eigentlich bist, wüsstest du ohne zu zögern eine Antwort darauf? Die Frage ist doch eigentlich ziemlich banal, findest du nicht? Und doch haben viele große Schwierigkeiten, diese zu Beantworten. Gedanken wie: „Wenn ich mich zu hoch anpreise, könnte ich arrogant wirken, wenn ich mich aber unter meinem Wert verkaufe, kommt das auch nicht gut an, soll ich wirklich ehrlich sein?, was ist, wenn ich es bin, so meine Verwundbarkeit offen darlege und dann aber auf totale Ablehnung stoße?" kommen auf.

Um diese möglicherweise aufkommenden Gefühle zu vermeiden wird dann meistens gelächelt und kurz und knapp mit: "Ich weiß nicht." gekontert. Bloß nicht auffallen. Bloß nicht irgendwie herausstechen. Bloß nicht anders sein, als der Rest. Immer schön ins Raster passen und auf gar keinen Fall, ja, unter gar keinen Umständen, irgendeine Schwäche zeigen. Wir wollen ja perfekt sein. Wir müssen ja perfekt sein, das hat man uns so beigebracht. Hauptsache in der "Normalität" eingegliedert sein, um dem Durchschnitt zu entsprechen.

Und als ob das Ganze nicht schon unangenehm genug wäre, sich danach auch noch schlecht fühlen, weil man sich ja quasi selbst verleugnet hat und nicht zu sich gestanden ist. Toll. Am liebsten gleich im Boden versinken und den Kopf im Sand vergraben. Aber nein, auch das ist keine Option. Die Anderen könnten das ja mitbekommen und dann hätten sie erst Recht etwas zu Reden. Kennst du das?

Immer die perfekte, undurchschaubare Maske aufzusetzen ist oft einfacher, als sich wirklich zu zeigen. Sie bietet Schutz, Sicherheit und wirkt auch noch makellos auf andere.
Wieso also nicht? Hört sich doch gut an, oder?
Ja, womöglich bietet sie Schutz, gaukelt eine ideale Welt vor. Ja, vielleicht mag das einfacher und die schnellere Lösung sein. Aber all die sogenannten 'Vorteile' bringen verheerende Nachteile mit sich. Das Problem dabei ist, dass man nicht nur Unnahbarkeit ausstrahlt, sondern selbst auch unempfänglich für jegliche Art der Nähe ist. Ganz gleich ob Freundschaften, Beziehungen oder Bekanntschaften. An dieser Maske beißen sich alle die Zähne aus.
Man schließt nicht nur unangenehme Emotionen aus seinem Leben aus, sondern auch sich selbst.
Das war ja bekanntlich nicht der Plan.

Mit der Intuition sich unverletzlich und unbesiegbar zu machen, eignet man sich diese Tarnung an. Man verändert und idealisiert sie so lange, bis sie vollkommen ist. Nur um im Endeffekt festzustellen, dass man nicht nur unwillkommene Gefühle verbannt, sondern auch sich selbst aus dem Spiel genommen hat. Ups. Das wollten wir doch gar nicht.

Es liegt in unserem Urinstinkt uns selbst vor allem Unheil zu schützen. Die Frage aber ist: Welcher Preis ist dafür angemessen? Das muss natürlich jeder für sich selbst entscheiden. Aus Erfahrung kann ich aber sagen, dass diese Maske auf Dauer keine Lösung ist. Das einzige was sie gewiss mit sich bringt ist Einsamkeit. Einsamkeit in der Eiszeit.

Hier eine kurze Geschichte dazu:

Hilfloser Prinz der Eiszeit

Große, hoffnungslose Augen, die ins Leere blicken, umringt von dunklen Schatten die einst wohl Augenringe gewesen sind. Das ist der erste Eindruck, wenn er seinen vom Leben gezeichneten Zwilling im Spiegel sieht. Das blass graue Gesicht und die vor innerer Kälte erstarrten Augen machen das Bild der Hoffnungslosigkeit perfekt. Wenn man es nicht besser wüsste, würde man denken, dass kein bisschen Leben mehr in diesem Menschen steckt.

Die Kälte, die er ausstrahlt ist unerträglich und lässt alles um ihn herum wie bei einem Schneesturm erfrieren. Jegliches Leben flieht in Richtung Sommer und gen Aufblühen des Frühlings. Hier ist immer Winter. Das ganze Jahr lebt er im Winter. Immer in der Kälte und der eisigen Unverfrorenheit des Nicht-Verletzt werden-Wollens.

Das Leben zieht an ihm vorbei. Er hat sich verschlossen und zurückgezogen. Zurückgezogen aus dem wahren Leben, dem Leben, wo Freude alltäglich ist, wo Lachen gerne gesehen wird. Stattdessen lebt er in der Monotonie der Einsamkeit, der Grausamkeit, der Emotionslosigkeit. Selbst in der Zauberlandschaft des Winters sieht

er keine Freude, keine Eisprinzessin, keine Winter-
wunder und keinen Mond in den klaren Nächten.
Er strahlt diese Leblosigkeit aus, wie ein dunkler
Rauch nach einem Feuer, aus seiner einst so vor
Lebendigkeit sprühenden Seele.

Damit möchte ich zeigen, wie weit es kommen
kann. Wie unvorstellbar grauenvoll es sein kann, in
seiner eigenen kleinen Welt leben zu müssen. In
einer emotionalen Quarantäne, sozusagen. Nichts
kann herein und nichts kann hinaus.

Auch die dicksten Mauern haben poröse Steine.
Auch die sichersten Stacheldrahtzäune haben lose
Maschen. Auch deine kugelsicheren Panzerwände
haben wunde Punkte. Wenn diese wunden Punkte
dann getroffen werden, versucht man natürlich
diese so gut wie möglich zu sichern, diese so
schnell wie möglich wieder gegen jeden Krieg zu
rüsten. Ist man aber erst einmal getroffen, wird die
Wunde zwar heilen, aber die Narbe bleibt.

Genauso ist es mit unseren Schutzmechanismen.
Sobald man verwundet wird, jemand den wunden
Punkt getroffen hat, reagiert man sofort mit Wut.
Mit Ablehnung. Mit Hass. Mit Traurigkeit. Wie konnte das nur passieren? Wie konnten die Mauern
nur brechen? Wieso konnten sie diesem Angriff
nicht Stand halten? Irgendwann fallen auch die

stärksten Mauern in sich zusammen. Dieses Irgendwann ist der Moment, in dem die Seele es einfach Leid ist, keine Luft zu bekommen. Sie möchte Atmen. Sie möchte nicht ständig um Luft ringen und darum beten, diesen Tag noch zu überstehen. Sie möchte dir zeigen, dich erkennen lassen, dass du deine Schutzmechanismen ablegen musst, um dir selbst das Überleben zu garantieren. Es geht hier nicht nur um das Wohlaufsein deines Innersten. Es geht hier auch um Dich. Damit du wieder aktiv am Leben teilnehmen kannst. Damit du die Vitalität, die das Leben mit sich bringt, wieder voll ausleben und dich vom Alltag mitreißen lassen kannst.

Wir lernen sehr früh unsere Masken anzulegen und diese perfekt zu tragen. Was aber, wenn du dann eines Tages dein Spiegelbild nicht wieder erkennst?

Sich maskieren kann Spaß machen. Man schlüpft in beliebige Rollen und zeigt sich einmal so und im nächsten Moment schon wieder komplett anders. Hier ist aber Vorsicht geboten. Denn, wenn du deine Maskerade zu sehr auskostet, wird sie dich um dein wahres Gesicht bringen.

Und du hast sie perfektioniert. Jede einzelne Maske hast du mühevoll restauriert und sie dir, für dich passend, zurechtgemacht, sie liebevoll und mit Engelsgeduld präpariert. Aber Achtung: Tust du das in einem ungesunden Ausmaß, so könnte dein wahres Antlitz der Illusion deiner Masken weichen.

Es spricht nichts dagegen, sich immer wieder zu neu erfinden, sein Aussehen beliebig oft zu verändern und sich ständig weiterzuentwickeln. Natürlich nicht! Das ist wunderbar, du wirst älter, das Leben hinterlässt in allen Formen, Farben und Falten kleine Erinnerung auf deiner Haut. Das macht dich doch erst einzigartig. Zu jeder deiner kleinen Marken gibt es eine kleine Geschichte. Die Narbe auf der Hand, die du der ersten Katze zu verdanken hast. Die Naht auf dem Schienbein, die entstand als du versucht hast freihändig Rad zu fahren und ungewollt den Boden küsstest. Die kleinen Lachfalten um deine Augen, die jeden sofort erkennen lassen, wie gerne und viel du lachst.

Trage deine Masken mit Würde, doch gib darauf Acht, dich nicht selbst dabei zu verlieren. Denn eines Tages wirst du in dein Spiegelbild blicken und dich fragen, wer du eigentlich bist. Dich fragen, wer du warst, bevor die Maskerade begonnen hat.

Mein lieber Mensch, ich möchte dich davor bewahren, dass du unscheinbar wirst und der Geist aus deiner Seele weicht, schleichend wie die Brise, die mit dem Rauschen des Meeres deine Haut umschmeichelt.
Du darfst dein Gesicht nicht verlieren, hörst du? Lasse dir nicht sagen, wer du zu sein hast und versuche bitte nicht auf Biegen und Brechen dem gerecht zu werden, was man von dir erwartet. Denn, und auch davor möchte ich dich bewahren, dass jener Tag kommt, an dem du dich nicht mehr lebendig fühlst. Im Fachjargon nennt man das Depression.

Aber auch hier kannst du dem Ganzen selbstverständlich vorbeugend gegenüber treten: Reiße deine Mauern nieder! Nimm dir einen winzigen Vorschlaghammer zur Hand und trage Schicht um Schicht, Stein um Stein, ab. Sei vorsichtig, denn an seiner eigene Seele zu operieren, erfordert höchste Konzentration und Behutsamkeit. Du musst dich mit der Finesse eines Chirurgen vorsichtig an dein Innerstes herantasten. Schließlich möchtest du dich ja auf keinen Fall selbst verletzen.

Die Maske ist abgelegt. Ist das Risiko verletzt zu werden dadurch größer? Womöglich. Aber ist es das im Endeffekt trotzdem wert? Auf jeden Fall. Denn wer sich selbst verleugnet oder nur Teile von sich selbst zeigt, wird nie wirklich so geliebt, geschätzt oder akzeptiert werden, wie er eben ist. Weil niemand die Möglichkeit bekommt, dein wahres, wirkliches Ich kennenzulernen.

Die Angst vor Verletzung ist größer, als dass es die Zuwendung anderer je damit aufnehmen könnte. Wieso? Sich verletzlich zu zeigen bedeutet immer sich zu öffnen. Natürlich ist das immer mit einem gewissen Risiko verbunden. Wenn du aber dein Herz verschließt, verschließt du dich nicht nur gegen all das Böse, das dir widerfahren könnte, sondern auch gegen all das Wunderbare, das, um das kurz festzuhalten, bedeutend an der Überzahl ist.
Indem du dein Herz verschließt, sperrst du dich von der Welt aus und beginnst, dir dein eigenes Gefängnis zu bauen. Eines Tages wachst du auf und stellst fest, dass die Mauern so dick und so hoch geworden sind, dass du womöglich den Rest deines Lebens in deiner Zelle verbringen wirst,

wenn nicht, wie durch ein Wunder, jemand kommt und dir einen anderen Ausweg aus deinem Käfig aufzeigt.

Hier bin ich! Ich nehme dich bei der Hand und gehe mit dir aus deinem goldenen Käfig.

Ich möchte, dass du dir bewusst wirst, wie sehr dich eine Maskerade am echten Leben hindern kann und wieviel Leben dir dadurch verwehrt bleibt. Natürlich läufst du auf Gefahr unter Umständen verletzt zu werden, sobald du deine Masken ablegst. Aber sind wir doch einmal ehrlich. Was wäre denn das Leben ohne jedes Risiko? Manchmal muss man mutig sein und über seinen Schatten springen. Stell dich deiner Angst.

Möchtest du im Dialog mit deinem Umfeld leben oder dich in deinem ganz persönlichen Hochsicherheitstrakt einsperren? Nimm die helfende Hand es Lebens an und vertraue darauf, dass es dich deines richtigen Weges leiten wird.

Du siehst so müde aus. Müde und erschöpft
Komm doch aus dem grau und finde dein
Leuchten wieder.
Niemand kann ohne Licht sein. Lass das Leben
dich wieder finden. Mach doch deine müden
Augen auf und sieh mich an. Merkst du denn nicht,

dass ich vor dir stehe? Sieh mich doch an, ich bin hier und halte dir meine Hand entgegen, eine helfende Hand. Wieso schlägst du sie immer wieder weg? Siehst du denn nicht, dass ich nicht gehe, sondern bleibe?

Deine müden Augen. Wenn ich sie sehe, beginnt mein Herz zu weinen. Deine Seele ist kurz davor zu ertrinken. Sie ertrinkt in deiner inneren Wüste.

Wo bist du? Ich weiß, dass du noch da bist, aber du bist nicht wie du warst. Du leidest. Ich weiß, dass du leidest.

Komm, nimm doch endlich meine Hand und lass mich dir helfen. Das Leben, ich, bin schön. Siehst du nicht die Sonne? Siehst du sie nicht?

Komm, beginnen wir mit dem Mond. Er ist die Sonne der Nacht. Die Nacht ist schön. So wie das Leben, wie du.

Narben und Falten

Es sind nicht deine Narben, die dich verunstalten, es ist dein Wunsch nach Perfektion, dein Wunsch makellos zu sein. Es geht nicht darum, vollkommen zu sein. Es geht vielmehr darum, besser zu werden. Nicht besser als der Rest, sondern besser als du jetzt bist.

Deine Narben machen dich nicht nur schöner, sondern unverwechselbar. Sie erzählen deine kleine wunderbare Geschichte, die so einzigartig ist, dass nur du alleine sie kennst. Nur du selbst kannst sie lesen und, wenn du das möchtest, mit Anderen teilen. Du bist die Leinwand deiner Geschichte. Du bist das Kunstwerk, dass im Laufe deines Lebens entstanden ist. Trage deine Male mit Stolz, denn sie zeigen, dass du stärker bist als das, was dich verletzen wollte. Nur die stärksten Charaktere sind mit Narben übersät.

Ganz gleich ob du Narben auf der Haut, im Herzen oder auf der Seele trägst, sie machen dich wunderschön. Versuche nicht sie zu verstecken, sondern trage sie mit Würde, sie machen dich zu etwas Besonderem. Schäme dich nicht, lass die kleinen Kunstwerke des echten Lebens auf dir tanzen.

Wir sind in den buntesten Farben vom Leben gezeichnet, in den unterschiedlichsten Arten und Weisen. Ist das nicht wundervoll? Auch wenn dich manche Narben an deine einst begangen Fehler erinnern und heute als verblasstes Tattoo deiner Taten auf deiner Haut verweilen, darfst du sie nicht verbergen. Manche Male wirst du ein Leben lang auf deiner Seele tragen. Sie sind nicht nur eine Erfahrung, sie sind der wahre Beweis dafür, dass die Vergangenheit einst Realität war.

Fürchte nicht die Vergangenheit, fürchte auch nicht die Zukunft. Pass lieber auf, dass du den Moment nicht verpasst. Gib darauf Acht, dass du in der Gegenwart ankommst und nicht in Zukunft oder Vergangenheit feststeckst, denn so, das kann ich dir garantieren, wird das Leben ungenießbar. Du bist nicht mehr wo du warst und du bist noch lange nicht dort, wo du sein könntest. Heute und jetzt bist du hier. Doch du verpasst es, weil du gedanklich ganz weit weg bist. Lasse nicht zu, dass du das Leben verpasst.

Jeder kann seine Wunden präsentieren und wird auf Mitleid treffen, wer aber selbstbewusst seine Narben zeigt, wird auf Anerkennung stoßen.

Auch ich trage Narben auf meiner Seele. Ich versuche sie nicht zu verhüllen, sondern sie mit Stolz zu tragen. Ich habe geliebt und wurde enttäuscht. Ich habe vertraut und wurde verletzt. Ich habe gekämpft und wurde besiegt.

Ich habe das alles erlebt und genau deshalb weiß ich, wie es dir geht. Deshalb verstehe ich dich. Deshalb kann ich genau nachvollziehen, wie du dich fühlst. Du bist nicht alleine. Du bist ganz sicher nicht alleine mit dem Leid, dass dir, wie du wohl denkst, das Glück verwehrt.

Jede Narbe steht für Schmerz. Schmerz, den du einst ertragen hast. Du hast gelitten.

Bei Gott, du hast wahrlich gelitten und gedacht du würdest daran zerbrechen, war es nicht so? Doch heute, heute stehst du hier und betrachtest deine Narben. Sieh sie dir an. Stück für Stück, all die kleine Details, denn sie machen das große Ganze aus. Du bist ein Kunstwerk. Lerne sie zu lieben und erkenne ihre Schönheit. Sie sind keine Verunstaltung, sind kein Zeichen von Blöße, kein Anlass für Reue.

Ist es in deinen Augen ein Zeichen von Schwäche sich so echt wie möglich zu zeigen?

Wir sind unvollkommen, werden auch nie dem Perfektionismus, der wie Glut auf unserer Haut brennt, gerecht werden. Aber weißt du was? Das ist okay. Es ist okay, nicht vollkommen zu sein. Fehler machen ist menschlich. Aus Fehlern lernt man, durch Fehler wächst man, an Problemen erkennt man sein wahres Potential.

Theaterstück

Ja, Theaterspielen macht Spaß, oder?
Jeder Mensch spielt in dem Theaterstück seines Lebens die Hauptrolle. Und ist gleichzeitig der Regisseur. Und gleichzeitig auch der Autor. Und gleichzeitig auch der Kostümbildner. Und gleichzeitig auch die Maske. Sehr geehrte Damen und Herren, willkommen in Ihrem Leben. Dein Leben ist ein autonomes Theaterstück. Hier habe ich zwei Nachrichten für dich: Die schlechte Nachricht ist, es gibt keine Generalproben. Es passiert einfach so. Ganz genau so, wie du es schreibst. Die gute Nachricht ist, du kannst es jederzeit beliebig umschreiben. Denn du bist der Regisseur und wenn dir etwas nicht mehr passt, dann rufe: CUT!
Beginne ein neues Kapitel, bevor der Vorhang fällt und dein Theaterstück ohne Applaus zu Ende geht.

Spielst du in deinem Stück die Hauptrolle, die dich erfüllt? Oder hast du Rollen übernommen, weil es notwendig war? Führst du dabei die Regie, oder hast du das Zepter abgegeben und bist eigentlich nur die Marionette derer, deren Erwartungen du gerecht zu werden versuchst? Vielleicht ist es dann an der Zeit aufzuwachen und ein besserer Regisseur deines Lebens zu werden.

Verwirf dein altes Drehbuch und beginne heute auf Seite Eins. Es steht dir vollkommen frei, in jede Rolle zu schlüpfen. Du bist der Spielmacher.

Du kannst aus deinem Drama eine Komödie machen. Du kannst aus deiner langweiligen Dokumentation einen spannenden Thriller machen. Wofür entscheidest du dich? Was sollen die anderen in dir sehen? Wie sollen die anderen dich sehen? Was erlaubst du ihnen zu sehen? Und, die wohl wichtigste Frage: Wer möchtest du sein?

Da sind wir nun. Bei der Frage aller Fragen. Die Frage nach der eigenen Identität, in einer Welt voller Möglichkeiten, die aber zunehmend durch Erwartungen von Gesellschaft und Umwelt schier unergründlich scheint. Wir haben die Qual der Wahl. Das Absurde dran ist, zu viele Möglichkeiten machen uns in gewisser Weise auch irgendwie unfrei. Ja, klingt absurd oder? Die Türen stehen uns offen und wir genießen alle Freiheiten dieser Welt und trotzdem ringen wir immer wieder mit Entscheidungen.

Durch den dauerhaften Druck uns entscheiden zu müssen, haben wir Angst, etwas zu verpassen. Die ganzen Möglichkeiten werden zur Last. Entscheidungen treffen zur Qual.

Selbstverwirklichung zur Pflicht. Dabei steht weniger die Angst vor der Entscheidung an sich im Vordergrund. Vielmehr ist es die Sorge falsch zu wählen. Denn jedes Ja ist gleichzeitig auch ein Nein gegen eine andere Möglichkeit. Jede Entscheidung für etwas ist eine Entscheidung gegen etwas anders.

Du als Regisseur, hast nun aber mal die Qual der Wahl, dich zu entscheiden, wie du dein Drehbuch schreiben möchtest. Ist es eine Komödie? Ist es eine Tragödie? Wäre es nicht an der Zeit endlich die Hauptrolle zu übernehmen und nicht länger unbemerkt als kleiner Statist am Rande der Bühne zu stehen? Sage Ja zu Dir selbst. Ein Ja, zu deinem Leben.

Schatten

Jeder trägt eine dunkle Seite in sich. Seine sogenannte Schattenseite. Diese Seite, die dich
rational Handeln lässt. Die Seite, die im Geist des
Mörders die Überhand genommen hat. Jene Seite,
die sich dem Licht entzog und sich von Dunkelheit
nährt. Wir schämen uns für sie, zeigen sie ungern
und verbinden diese Schattenseite meist mit
unangenehmen Konsequenzen oder Reaktionen
anderer.

Und was tun wir, wenn wir etwas ablehnen? Wir
versuchen es bewusst zu verdrängen.Fakt ist, jeder hat auch dunkle Seiten in sich. Ob sie Angst
macht? Vielleicht. Ob es die richtige Entscheidung
ist, sie hin und wieder auch einmal da sein zu
lassen? Gewiss.

Diese sogenannten Schattenseiten gehören aber
nun mal dazu. Und um "ganz" zu werden, musst
du lernen deine Schattenseiten zu verstehen.
Wenn du das nicht tust, bleibt dir ein Leben voller
Stimmigkeit und Lebendigkeit verwehrt. Die Augen
vor ungeliebten Anteilen zu verschließen und zu
hoffen, dass sie nie an die Oberfläche kommen,
wird dir vielleicht eine Zeit lang gelingen und dir so
die Auseinandersetzung mit deinen Schatten
ersparen. Aber weißt du was? Indem du sie gezielt

verdrängst, triggerst du diese Seite nur noch mehr. Du schiebst sie nur weiter in die dunkelsten Ecken deiner Seele, um sie, so hoffst du, sie einfach vergessen zu können. Doch die Dunkelheit ist ihre Energiequelle und je weiter du sie von dir zu entfernen versuchst, desto schneller wird sie sich in dir ausbreiten.

Einfach nur zu hoffen, dass alles gut wird, ist, tut mir leid, naiv. Denn es erfordert schon ein klein wenig Arbeit. Du bist kein kleines Kind mehr, dass sich die Augen zuhält und ganz fest hofft, dass das, was ihm Angst macht, verschwindet. Nein, du bist klüger als das kleine Kind. Und du weißt, selbst wenn du die Augen schließt und ganz fest versuchst, es in die tiefsten Winkeln deiner Seele zu verbannen, wird es nicht verschwinden. Nicht einfach so. Denn in deinem Inneren arbeitet es weiter und breitet sich aus wie ein Geschwür, dass nicht rechtzeitig behandelt worden ist. Nur weil du die unlieben Aspekte deiner Selbst verbannt hast, bedeutet das nicht, dass sie aus deiner Welt sind.

Wie du bereits weißt, spielt das Unterbewusste eine wichtige Rolle in unserem Alltag. Ich erlaube mir sogar zu sagen, dass es eine größere Rolle als unser Bewusstsein spielt. Und wenn du dir jetzt denkst, hey ich habe gar keine Schattenseiten, dann schau noch einmal genau hin.

Es sind genau die Dinge, die du am Anderen ablehnst. Die Charaktereigenschaften, auf die du lieber ganz verzichten würdest. Du projizierst deine Schattenseiten auf Andere und merkst gar nicht, dass es eigentlich jene Seiten sind, die du in dir selbst trägst. Die Seiten, die du partout nicht wahr haben willst. Du siehst sie bei Anderen und sie bringen dich zur Weißglut. Wieso ist das so?

Eigentlich nimmst du es ihnen gar nicht übel, sondern du bist wütend auf dich, weil du genau diese Seiten, die an Ihnen zu Tage kommen, verdrängst und dich nicht mit ihnen auseinandersetzen kannst oder willst. Fällt dir dazu ein Paradebeispiel ein? Wann hat dich etwas ganz besondern aufgeregt und du jene Menschen dafür verurteilt?

Schattenanteile treten häufig in unkontrollierten Ausbrüchen im Alltag oder in emotionaler Instabilität hervor. Was bedeutet das?
Indem wir vermeintliche Schattenanteile von unsere Persönlichkeit abspalten, entwickeln wir uns zu angepassten, gut funktionierenden und tüchtigen Menschen in der wunderbaren Gesellschaft, um ja nur nicht aus dem Rahmen zu fallen. Aber genau diese Unannehmlichkeiten, die du ins Unterbewusste verbannt hast, begegnen dir dann ständig im Außen.

Du projizierst es auf andere Menschen und verachtest sie dafür. Deine Schattenanteile arbeiten im Verborgenen in dir weiter und im schlimmsten Falle kann es sogar zu körperlichen Beschwerden, Symptomen oder dergleichen kommen. Des Weiteren fordert die Unterdrückung der unlieben Seite einen enormen Aufwand deiner kostbaren Energie, dass dir wortwörtlich die Kraft geraubt wird, um an deinen positiven Seiten zu wachsen.

Vielleicht verstehst du jetzt, wieso es so wichtig ist, sich seinen eigenen Schattenseiten zu stellen und zu lernen, sie nicht zu fürchten oder ihnen das Dasein zu verbieten. Indem du versuchst sie kennen zu lernen, sie anzunehmen und zu integrieren, ist der erste Schritt in die richtige Richtung getan. Am einfachsten kommst du ihnen auf die Spur, indem du sie im Spiegel deiner Umwelt zu erkennen versuchst. Natürlich machen sie in erster Instanz gewaltige Angst, denn es sind jene unterdrückten Gefühle, die bei dir Angst, Panik oder Unwohlsein auslösen. Aber es ist so wichtig, genau dort hinzugehen und hinein zu fühlen. Darauf werde ich später noch einmal zurück kommen.

Der Psychoanalytiker Carl Gustav Jung hat einst die Theorie der Schattenseiten entdeckt und laut ihm kann man die Schattenseite als Kehrseite seiner Persona verstehen, die unbewussten Persönlichkeitsaspekte eines Menschen, mit denen er sich nicht identifizieren kann, sie aber trotzdem latent in sich trägt.
Einfach gesagt: Die Seiten, Charaktereigenschaften oder Angewohnheiten, die du nicht missen möchtest.

Ihnen gegenüber stehen natürlich auch die hellen Seiten. Jene, an der Empathie und Emotionen erwünscht, ja sogar erforderlich sind. Die Seiten, die dich emotional in Resonanz mit der Welt gehen lassen und dir Connection und Austausch mit anderen Menschen ermöglichen. Liebe wird praktiziert und Hass bei Seite gelegt.

Für welche Seite entscheidest du dich?

Keine Sorge, du musst dich nicht entscheiden. Wir leben in einer Welt, in der das Gesetz der Polarität allgegenwärtig ist. Das bedeutet, in jedem Schlechten findet man auch etwas Gutes und in jedem Guten wiederum etwas Schlechtes. Dieses Gesetz spiegelt sich in allen Sphären unseres Lebens wieder. Wenn es dir gut geht, geht es dir nur gut, weil du weißt wie es dir geht, wenn es dir schlecht geht. Wenn es dir schlecht geht, weißt du nur dass es dir schlecht geht, weil du mit dem Gefühl des dir Gut Gehens vertraut bist.

Um ein Paradebeispiel dafür zu nennen: Yin und Yang. Darauf werde ich etwas später noch näher eingehen.

Weißt du, dass im Schatten oft unsere größten Talente und Schätze verborgen liegen? Du musst das Geschenk darin erkennen. Wirklich jede Eigenschaft hat einen positiven Aspekt, die sich in gewissen Situationen als nützlich erweist. Das kann das Durchhaltevermögen in deinem Leid, die Willenskraft in deinem Hass oder der Stolz in deinem Hochmut sein.

Ist dir bewusst, dass du diese beiden Seiten in dir hast? Meine Frage lautet: Hast du diese beiden Seiten bereits ergründet und erfolgreich in dein Leben integriert? Wenn die Antwort Nein lautet, dann würde ich dir dringend raten am besten sofort damit anzufangen. Damit einem Leben in Bereicherung, Stimmigkeit und Lebendigkeit nichts im Wege steht. Bist du nicht neugierig, welches Geschenk sich in dir verbirgt? Ich glaube, es ist langsam an der Zeit, es auszupacken. Es wartet schon zu viele Geburtstage in dir und ich glaube, dass genau jetzt ein guter Zeitpunkt wäre, um es dir selbst zu schenken.

Ängste

Angst ist nichts anderes als die Abwesenheit von Liebe.

Es ist okay manchmal Angst zu haben. Es ist auch okay manchmal nicht weiter zu wissen oder einfach traurig zu sein, denn das ist menschlich. Es ist aber nicht okay, wenn du deiner Furcht so viel Macht gibst, dass sie dein Leben bestimmen kann, indem du dich ihr gegenüber in die Opferrolle begibst.

Du bist hier nicht das Opfer! Spieglein, Spieglein an der Wand, wer leidet am Meisten, im ganzen Land? Hilflos und machtlos und arm. In Wahrheit jedoch, ordnen wir uns selbst einer Opferrolle zu, suhlen uns in Demut. Wir lassen es zu, diese passive Rolle einzunehmen, ohne daran zu zweifeln, ohne darüber nachzudenken. Es steht außer Frage, dass unsere Psyche mächtig und rechthaberisch ist. Hier stellt sich mir die Frage, ob wir nicht einfach zu feige sind, um uns dagegen aufzulehnen und für unsere Taten gerade zu stehen? Fürchten wir die Folgen, haben wir so ungeheuerlichen Respekt oder sind wir schlichtweg zu bequem, um uns damit auseinanderzusetzen?

Was macht die Psyche so mächtig? Immerhin ist sie ein von uns selbst erschaffenes Dasein. Gehen wir also im Ursprung unseres Seins davon aus, dass wir für die Opferrolle gemacht sind? Liegt es im Ursprung des Menschen unterwürfig zu sein?

Wem sind wir an dieser Stelle so urtreu und wagen deshalb keinen Sprung über unseren eigenen Schatten?
Halten wir fest: Sich in die Opferrolle zu begeben, ist oft sehr verlockend und um so vieles einfacher. Einfacher als was? Es ist einfacher zu sagen: " Es ist nicht meine Schuld, ich konnte nichts dafür. Es ist ihre Schuld,..es liegt nicht in meinen Händen, ich konnte\ kann nichts tun, nichts ändern."

Anstatt sich in die unwürdige Position des Opfers zu begeben, kann man für sein eigenes Handeln die Verantwortung übernehmen. Das mag eventuell schwerer, vielleicht sogar unangenehm sein, aber genau das ist nötig, um vom Opfer zum Täter zu werden.

Wir sind für alles was wir tun, alles was wir erleben, alles was uns widerfährt, selbst verantwortlich.
Jedes Wort, das über unsere Lippen kommt, jede Bewegung, die wir machen und jeder Blick, dem wir unserem Gegenüber schenken, wird aus einem

bewussten Zustand heraus inszeniert. Gezielt senden wir bestimmte Emotionen aus. Beabsichtigt gehen wir bestimmte Schritte. Instinktiv sagen, tragen und setzen wir bestimmte Sachen in die Welt. Berechnend und vorsätzlich.

Aber auch für das was uns geschieht, sind wir verantwortlich. Ja, du hast ganz richtig gelesen. Das Gesetz der Anziehung besagt, dass wir alles, was wir aussenden, auch zurück bekommen.

Denn jede Schwingung, ob positiv oder negativ, die du ans Universum aussendest, wird dir in irgendeiner Form in deinem Alltag wieder begegnen.
Der simple Schlüssel zu mehr Positivität ist Dankbarkeit. Dankbarkeit und Wertschätzung. Oft ist man sich der Dinge für die man Dankbarkeit sein könnte, gar nicht bewusst und empfindet sie als selbstverständlich. Ein ganz komplexes Beispiel hierfür ist wieder einmal unser Körper. Bist du dir bewusst, was für ein Phänomen unser Körper ist? Was er uns alles ermöglicht? Bist du jeden Tag dankbar dafür? Oder wird dir der Segen der Gesundheit erst bewusst, wenn du einmal krank bist? Erst dann, wenn deine Gesundheit, von dir als selbstverständlich hingenommen, abwesend ist?

Erst auf etwas aufmerksam zu werden, wenn uns dessen Abwesenheit bewusst wird, ist zu spät. Stattdessen kannst du dich bewusst auf die Dinge konzentrieren, die du bereits hast. Die Menschen, die bereits in deinem Leben sind. Die Momente, die bei dir ein gutes, angenehmes Gefühl auslösen. Die Sachen, die dir Freude bereiten.

Damit möchte ich auf keinen Fall sagen, dass du deinen Fokus nur mehr auf das Gute legen sollst, denn, ganz logischerweise, ist auch die Kehrseite nicht zu vergessen.

Manchmal findet man sich in unangenehmen, negativen Situationen wieder. Auch das ist menschlich.
Fakt ist: solche Momente passieren. Sie gehören zum Leben, wie auch alles andere. Und auch hier ist es wichtig, nicht die Augen davor zu verschließen. In genau diesen Momenten, stecken die wichtigsten Botschaften. Also lass sie für den Moment da sein. Gib den Gefühlen, die nun hochkommen Raum und Platz. Schiebe sie nicht weg. Versuche nicht, sie zu umgehen, denn früher oder später werden dich diese weggeschobenen Gefühle einholen. Dafür kann ich meine Hand ins Feuer legen.

Auch negative Emotionen sind Teil unseres Alltags. Wichtig ist nur, dass du richtig damit umzugehen weißt. Du kannst gewissen Gedanken gezielt mehr oder weniger Beachtung schenken. Du kannst gewissen Emotionen mehr oder weniger Macht geben.

Du kannst trainieren, in noch so aussichtslos scheinenden Situationen, ein Fünkchen Positivität zu finden. Merke hier: Umso mehr Dankbarkeit du empfindest, umso mehr Dankbarkeit du lebst, umso mehr Dankbarkeit du gibst, umso positiver wird sich dein Leben entwickeln. Wenn du täglich diese Dankbarkeit praktizierst, wirst du merken, wie schnell sich dein Leben verändert.

Um vom negativen ins positive Denken zu kommen, braucht es natürlich etwas Übung.

Du kannst zum Beispiel damit beginnen, dass du sobald ein negativer Gedanke aufkommt, versuchst, diesem sofort mit drei positiven Gedanken Kontra zu geben.

Das Gehirn ist ein Muskel und es bedarf einiger Wiederholung, bis etwas schließlich zur Routine wird.

Als du das Laufen, Sprechen oder Schreiben lerntest, konntest du das auch nicht auf Anhieb. Du hast es immer wieder geübt und perfektioniert, so lange, bis es plötzlich ganz selbstverständlich war und zu einer Alltäglichkeit geworden ist.

Erwarte also nicht, dass du von Jetzt auf Gleich dein negatives Mind Set ablegen kannst. Denn so funktioniert das nicht.

Wie ich bereits erwähnt habe, braucht es eine gewisse Disziplin, um dran zu bleiben und solange zu wiederholen, bis es zu einer Gewohnheit geworden ist. Versuche also, das Ganze als Training zu sehen.

Je häufiger du eine Sache wiederholst, desto schneller wird es zu einer Gewohnheit werden.

Das ist nun also der erste Schritt, um aus deinem negativen Mind Set ein Positives zu erschaffen.

Glaubst du an Zufälle?

Ich bin der Meinung, dass nichts, absolut gar nichts aus purem Zufall geschieht.

Alles ist der Spiegel deiner ausgesandten Schwingungen und Taten, Worte und Gefühle. Vergiss nicht, du bist nicht das Opfer deiner Psyche. Vielmehr bist du der Schöpfer deines täglichen Daseins. Angst zu haben ist nichts anderes als ein kleiner Alarm deiner Seele, die verzweifelt versucht, dir etwas mitzuteilen. Die Angst fungiert als Kommunikationsmittel zwischen deinem Inneren und deinem Rationalen.

Vermutlich wirst du dich fragen wieso sich deine

Seele genau diese Art der Kontaktaufnahme ausgesucht hat. Wenn du genau überlegst, wird dir vermutlich klar werden, dass es auch schon andere Omen gab, die du schlichtweg nicht ernst genommen oder keinerlei Beachtung geschenkt hast.

Anzeichen sind oftmals Müdigkeit oder Unsicherheit, Schwäche oder Traurigkeit. Wie bereits   erwähnt: Körper und Seele sind sehr eng miteinander verbunden, arbeiten Hand in Hand. Ergo bedeutet das, dass sich seelisches Un-Wohlsein sehr oft körperlich auswirkt.

Dass du jetzt mit deiner Angst zu kämpfen hast, liegt daran, dass deine Seele diese Kommunikationsform als letzten Ausweg, sozusagen als letzte Warnung an dich, gewählt hat. Du kannst dir das so vorstellen, dass sie in die Enge getrieben wurde und einfach nicht weiter weiß. Deshalb muss sie nun zu Maßnahmen greifen, die deine Aufmerksamkeit erfordern. Jene Maßnahme, die garantiert zu dir durchdringen, weil sie Angst in dir auslösen.

Wenn der Mensch Angst hat, dann wird er greifbar. In der Not wird er verletzlich und zugänglich. In dieser Situation ist er echt.

Deshalb ist es wichtig, dass du dich mit deiner Angst auseinandersetzt und versuchst hinter sie zu blicken. Dahinter steht meist ein kleines, verletzliches Wesen, dass einfach nur verstanden werden möchte. Dieses Wesen bist du selbst. Dieses Wesen bist du in einer bestimmten Situation deines Lebens, in der du dich unverstanden, übergangen, nicht gut behandelt oder vernachlässigt gefühlt hast. Diese unguten Gefühle, die du damals damit verbunden hast, müssen aber nicht immer von Außen gekommen sein. Es ist gut möglich, dass du selbst die Ursache dafür warst. Als du z.B nicht zu deiner Meinung gestanden bist, Ja gesagt hast, obwohl du eigentlich Nein meintest, Vergeben hast, als es vielleicht nichts mehr zu vergeben gab...

Was auch immer passiert ist, ist passiert. Ändern kann das niemand mehr.

Was du aber sehr wohl ändern kannst, ist, wie du mit diesen Ängsten in deiner Gegenwart umgehst. Schau ihr in die Augen und erkenne ihre Botschaft.

Dämonen

Ja, ich hab' mit dem Teufel im Reigen getanzt
Ja, ich hab' ihn bewundert und idealisiert
Ja, ich hab' dem Dämon in meiner Seele Einlass
gewährt Ja, ich hab' ihn beherbergt und auch
ernährt
Und
Ja, ich hab' verabscheut und missbilligt
Ja, ich hab' ihn gehasst und boykottiert
Ja, ich hab' ihn verachtet und verdammt
Und
Ja, ich hab' ihn letztendlich auch ausquartiert

Ein Spiel mit dem Feuer. Man erhofft sich
schnellen Reichtum, magische Kräfte, Macht, Talent oder Ruhm. Aber ist es das wert? Dass man
dafür einen Pakt mit dem Teufel schließt und ihm
im Gegenzug seine Seele verkauft?

Du, du hast ihn kennengelernt. Du hast bestimmt
schon Bekanntschaft mit dem Teufel gemacht. In
welcher Gestalt auch immer du ihm begegnet bist,
ob in einem Menschen, einem Gefühl oder eine
Situation, einem Glaubenssatz, einem Streit oder
einer selbstverschuldeten Unzulänglichkeit. Denn,
wie du bereits weißt, besteht das Leben nun
einmal aus Schatten- und Lichtseiten.

Erinnere dich, wo Schatten ist, ist immer auch Licht. Das Eine kann ohne das Andere nicht existieren.

Früher oder später kommt jeder Einzelne von uns einmal mit dem "Bösen" in Kontakt.
Die Frage ist nur, lernst du daraus oder zerbrichst du daran?

Eines kann ich dir vorweg sagen: Du bist nicht daran zerbrochen und hast den Kampf aufgenommen. Vielleicht bist du schon als Sieger daraus hervorgegangen, vielleicht befindest du dich auch gerade mitten in der Schlacht. Doch eines ist gewiss, wenn du bereits kapituliert hättest, wärst du heute nicht hier und würdest diese Zeilen nicht auf dich wirken lassen können. Lass mich dir eines sagen: Ich bin überglücklich, dass du heute hier bist. Ich bin stolz, dass du heute hier mit mir sein kannst. Ich bin dankbar, dass unsere Seelen sich in diesem Buch begegnen können und ich nun Teil deines Weges sein darf. Danke, dass du heute da bist. Danke, dass es dich gibt. Danke, dass du, du als ganz wundervolles Wesen, hier auf dieser Welt bist.

Dämonen zehren also von der Angst der Menschen. Wie wirst du sie also los?

Wie entkommst du dem Wahnsinn, den sie dir mit allen Mitteln auf erzwingen versuchen?
Zu aller erst bitte ich dich, das nicht falsch zu verstehen. Mit Dämonen meine ich hier ausdrücklich die ganze negative Gefühlspalette. Wie etwa Angst, Schuldgefühle, Hochmut, Egoismus, Neid und auch Eifersucht. Anstatt diese negativen Gefühle in dir komplett abzulehnen und strikt zu bekämpfen, solltest du lernen, wie du sie identifizieren kannst. So können wir vermeiden, dass sie uns Schaden zufügen. Wie gelingt das also?

„99% der Dinge, die die Menschen besorgen, sind niemals passiert oder werden niemals passieren."
Emilio Duró

Verständnis. Das ist hier das Schlüsselwort. Du musst lernen, sie zu verstehen, denn negative Gefühle wollen dir meist nur etwas sagen. Sie lassen dich wissen, dass irgendetwas in deinem Leben momentan nicht in Ordnung ist. Wo auch immer der Schuh drückt, die negativen Gefühle kommen meist schon an die Oberfläche, bevor du selbst das Problem als solches überhaupt erkannt hast. Dann heißt es, in sich hinein zu hören und herauszufinden, wo genau der Ursprung des Problems liegt.

Ich kann dir versichern, dass du es in den allermeisten Fällen sowieso schon weißt, es nur erfolgreich verdrängt und in die ferne Zukunft geschoben hast. Denn, du warst noch nicht bereit dich damit auseinanderzusetzen. Aber jetzt, jetzt ist es an der Zeit, diese negativen Gefühle zu analysieren und ihnen auf den Grund zu Gehen. Jetzt ist es Zeit.

Deine Seele hat diese Art von Kommunikation gewählt, weil sie sich nicht anders zu helfen weiß. Sie weiss genau, dass sie nur dann deine Aufmerksamkeit bekommt, wenn sie dir in Form von negativen Gedanken Signale sendet, die dich in Alarmbereitschaft versetzen. Irgendetwas stimmt nicht. Irgendetwas ist nicht richtig. Sieh das ganze als eine Art Erinnerungsmemo an dich selbst, dass du dich deinen Problemen nun endlich stellen solltest. Jenen Problemen, mit denen du dich letztlich auseinander setzen musst, auch wenn du es bisher geschafft hast, sie erfolgreich zu verdrängen. Fakt ist, sie sind da.

Das kann eine Angst, ein Schuldgefühl, Hass oder auch Traurigkeit sein. Was auch immer es ist, *jetzt* ist es an der Zeit, dich dem, was dich quält, zu stellen. Blicke der   Tatsache ins Auge und halte kurz inne. Akzeptiere, dass das negative Gefühl jetzt da ist und lerne, es auszuhalten.

In den meisten Fällen ist es nämlich gar nicht so schlimm, wie man eigentlich dachte. Erinnere dich kurz an eine Situation vor der du richtig Angst hattest. Irgendwie hast du es dann doch geschafft. Du bist trotz deiner Angst durch die Unannehmlichkeit gegangen. Und war es so schlimm? Bist du daran gestorben? Hast du deshalb aufgehört zu atmen? Hast du deshalb dein Gesicht verloren? Nein.

Das war der Moment. Der Moment, in dem du deine Angst besiegt hast, denn du hast dich ihr gestellt und du warst stolz. Du warst richtig stolz auf dich und hast dich gut gefühlt. Es ist einfach ein verdammt gutes Gefühl etwas zu tun, obwohl man sich lieber davor drücken würde. Du hast Mut bewiesen. Du hattest dieses Lächeln auf den Lippen. Dieses unverkennbare Lächeln eines Siegers, dass dir niemand mehr nehmen konnte. Denn du warst es, dem der Sieg gehörte. Du warst es, der seinen Dämonen bezwungen hat. Du warst es, der es geschafft hat. Kannst du es fühlen, wie verdammt gut dieses Gefühl war?

Der Preis, den du dafür zahlen musst, ist simpel. Stelle dich dem, was dir nachts schlaflose Nächte bereitet und lerne es auszuhalten. Denn, willst du nicht wieder dieses Siegerlächeln auf deinem

Gesicht tanzen sehen? Es steht dir so gut, da musst du mir doch Recht geben, oder?

Wem auch immer deine Furcht gelten mag, es entspringt deiner Seele. Es ist nur eine Projektion deines Inneren, kommt also aus dir. Also bist auch du die einzige Person, die genau weiß, wie du sie besiegen kannst.

Vergebung

Einer der wohl wichtigsten Schritte auf deinem
Weg zum Glück ist der, der Vergebung. Anderen
zu vergeben, wenn sie dir Leid zugefügt haben.
Auch dann, wenn es ihnen nicht leid tut.
Du findest das klingt verrückt?

Versuche es trotzdem. Du tust das für dich. Es
befreit dich von dem Groll, den du möglicherweise
gegen den Anderen hegst. Mit der Vergebung
verschwindet der Hass aus deinem Leben und du
kannst all den Ärger loslassen. Sei mutig und
vergib all denen, die nicht in der Lage sind, sich zu
entschuldigen. Um deiner Selbst Willen, um
deinen inneren Frieden zu finden.
Denn das ist wahre Stärke. Es erfordert Mut,
Menschlichkeit, Verantwortung und
Barmherzigkeit.

Nicht allen Menschen tut es leid, wenn sie
jemanden verletzt haben. Aber du, du stehst über
dem. Denn du, du kannst vergeben. Du kannst all
jenen Vergebung gewähren, auch wenn sie sich
ihrer Schuld vielleicht noch nicht einmal bewusst
sind. Du als wunderbares Wesen, bist in der Lage,
sie von ihren Sünden dir gegenüber zu erlösen,
indem du ihnen von dir aus vergibst. Nicht um sie
zu befreien oder ihnen das Leben leichter zu

machen, sondern um dich zu erleichtern. Schuld wiegt schwer. Es ist Ballast auf deinen Schultern. Unnötiger Ballast, den du gar nicht zu tragen brauchst. Deshalb wirf ihn ab und lasse den Groll los, der dir wie ein viel zu schwerer Rucksack auf den Schultern lastet. Du wirst sehen, wie viel leichter sich deine Reise gleich anfühlt.

Zu verzeihen bedeutet immer auch seinen Stolz zu überwinden und sein Ego auf Sparflamme hinunterzufahren. Denn nur jenem, der seinem Ego nicht die Oberhand gibt, wird es gelingen, sich im wahrsten Sinne des Wortes, Frei zu sprechen. Frei von Wut, Bitterkeit und Feindseligkeit. Frei von all dem Ballast, unter dem du zu ersticken drohst.

Sobald du das geschafft hast, bist du ein bisschen freier als zuvor. Ein bisschen unbeschwerter als zuvor. Dein Päckchen Ballast ist nun ein bisschen leichter.
Das war der erste Schritt. Fühlt sich eigentlich ganz gut an, oder? Und so schwer wie befürchtet war es auch nicht, habe ich Recht?

So, da du es jetzt geschafft hast, anderen zu vergeben, kommen wir nun zu Dir, jetzt bist du an der Reihe. Ja, ich meine wirklich Dich!
Du musst auch Dir Selbst vergeben.

Auch wenn es dir vielleicht gar nicht richtig bewusst ist, gibt es gewisse Sachen, die du dir selbst immer wieder vorwirfst und einfach nicht loslassen kannst. Seien es falsche Worte, die du bereust, unangebrachte Handlungen, die dir heute leid tun oder falsche Entscheidungen, die du getroffen hast, die du gerne rückgängig machen willst, es aber einfach nicht kannst. Dir zu vergeben, wirklich zu vergeben, ist der allerwichtigste Schritt, um dich von der Last der Vergangenheit zu befreien.

Diese schwere Last, die dich am Fliegen hindert. Um die wirkliche, echte und vollkommene Vergebung zu erfahren, braucht man Akzeptanz, Toleranz und Respekt für sich Selbst.

Akzeptiere, was war. Toleriere was du getan, gefühlt, gesagt oder erlebt hast. Respektiere, dass dieses Gefühl damals berechtigt war, da zu sein. Situationsbedingt konntest du nicht anders, wolltest du nicht anders und hast es zugelassen Leid zu erfahren oder zu verbreiten. Du wusstest es nicht besser, es hat sich richtig angefühlt. Damals fühlte es sich richtig an, erinnerst du dich?

Wozu bereuen, wenn du daraus gelernt hast? Es war genau das, was du damals gebraucht hast. Du hattest deine Gründe, warum du gehandelt hast, wie du eben gehandelt hast.   Du hast

Fehler gemacht, ja und? Fehler zu machen ist menschlich. Anstatt diese Fehler im Heute zu bereuen, versuche stattdessen dankbar zu sein. Dankbar dafür, dass du Gelegenheit hattest, diese Fehler zu machen und aus ihren Lektionen zu lernen. Welchen Sinn hatte es, fragst du dich? Was es dir gebracht hat, wunderst du dich?

Nun, ich bin mir sicher, dass du daran gewachsen bist, daraus gelernt hast und schlussendlich weiser als zuvor, mit neuen Erfahrungen im Gepäck, dein Leben weitergelebt hast.

Es kommt alles so, wie es kommen muss. Es passiert nichts ohne Grund. Auch dass du diese Enttäuschung erleben musstest, hat einen höheren Impuls, dessen Sinn du im Laufe deines Werdeganges herausfinden wirst. Lege die Ketten deiner Vergangenheit ab und genieße die neu gewonnen Freiheit. Es erwartet dich eine Art Neubeginn mit dir Selbst. Frei von Schuldzuweisungen und unausgesprochenem Groll. Alles was war, ist vergeben und vergessen. Alles was passiert ist, sollte, musste und ist so gekommen, wie es vorherbestimmt war.

Heute bist du genau der Mensch, der du eben bist. Wenn das alles nicht passiert wäre, frage ich dich, wärst du dann noch du? Oder wärst du dann vielleicht noch hier? Wärst du dann vielleicht jemand anderes? Wärst du dann vielleicht an einem anderen Ort? Hättest du dann vielleicht andere Menschen um dich herum? Was wäre, wenn?

Aber, mein lieber Mensch, deine Vergangenheit ist nicht deine Zukunft. Das ist dein Neubeginn. Vor dir liegt ein leeres Buch. Du bist nun der Schriftsteller und darfst es nach Lust und Laune füllen. Es ist wunderbar, dass du heute hier bist. Es ist wunderbar, dass dich das Leben zu dem gemacht hat, der du heute bist.

Es ist ganz wunderbar, dass du dir und auch anderen vergeben kannst. Es ist wunderbar, dass ich dich heute hier erreichen darf und wir zusammen vielleicht sogar dein erstes Kapitel erleben werden. Kannst du es fühlen? Dieses Gefühl von Leichtigkeit und Unbeschwertheit.

Frieden mit dir Selbst zu schließen war dir wichtiger, als den Groll aufrecht zu erhalten. Ich bin stolz auf dich, denn du hast vergeben.

Glauben

Die Frage des Glaubens kann jeder für sich entscheiden. Denn beim Glauben geht es um die Frage, auf wen oder was vertraue ich letztlich? Woran orientieren sich meine Wertvorstellungen? Wer oder was gibt meinem Leben einen Sinn? An wen oder was „hänge ich mein Herz"?

Jeder Einzelne von uns hat diesen Glauben in sich, so tief verankert, wie ein Neugeborenes im Bauch seiner Mutter. Denn dein Glaube ist der Ursprung deines ganzen Lebens. Aus diesem Glauben heraus bist du entstanden. Er war bereits da, bevor dein Köper überhaupt allgegenwärtig war. Nach und nach hast du dich entwickelt, aber der Ursprung, der Ausgang deiner Existenz, ist auf den Glauben in dir zurückzuführen.

"Und erst wenn du ganz unten bist, wendest du dich an ihn. Erst wenn du gar keinen Ausweg mehr siehst, fängst du an zu glauben, fängst du an zu hoffen. Fängst endlich an ihm zu vertrauen. Ihm, der immer da ist. In Elend, in Wut, in Trauer, in Angst, aber auch in Glück und Freude. Not lehrt beten. Er verzeiht alles. Er versteht alles. Er erkennt alles. Seine Gnade ist unendlich. Seine Liebe unbeschreiblich. Seine Güte unermesslich und seine Weisheit grenzenlos. Egal wie du dich entscheidest, egal welchen Weg du einschlägst, eines ist gewiss: er wird dich nie verlassen. Er wird immer hinter dir stehen, seine schützenden Hände ausbreiten und dir Halt geben. Du wirst nie alleine sein, auch wenn es sich von Zeit zu Zeit so anfühlen mag. Tief in deinem Inneren weisst du doch, dass er immer da sein wird. Und wenn du glaubst am Ende zu sein, ist das doch nur der Anfang, von etwas Neuem. "

Gewiss, zu Glauben setzt Mut voraus. Mut sich einzulassen. Mut sich zu zeigen. Das Sprichwort "Glaube kann Berge versetzen" existiert nicht ohne Grund.

Glaube bringt Hoffnung mit sich. Eine unendliche Hoffnung, ja, so mancher könnte sie sogar als grenzenlos bezeichnen.

Glaube bringt Sicherheit mit sich. Halt und Sicherheit, sich niemals wirklich alleine zu wissen. Das Vertrauen auf etwas Größeres und Mächtigeres, als wir Menschen uns es je vorzustellen wagen. Er garantiert Halt, in jeglicher Lebenslage, obgleich Freude oder Leid, Hass oder Geborgenheit, dem unlösbar Scheinenden, nicht alleine ins Auge blicken zu müssen.

Helfende Hand, Anker und Vertrauter zugleich. Wahr. Echt. Ehrlich. Pur.

Unsichtbar, aber doch so präsent.

Die Worte "Not lehrt Beten." haben es mir persönlich besonders angetan. Denn nichts könnte wahrer sein. In Zeiten der Not, in Zeiten des Krieges, ganz gleich ob du selbst oder die Welt der Feind, besinnen wir uns meinst auf unseren Glauben zurück. Wenn alles versucht und alles gescheitert. Credo als letzten Ausweg. Mit der Hoffnung, dass dieser nun Wunder vollbringen soll.

Aber zu Zeiten, in denen wir seelenvergnügt unserem Leben inne wohnen und uns in Wonne sonnen, ist er schnell vergessen.

Wieso?

Glaube bringt nicht nur Sicherheit und Kraft mit sich, sondern auch Hoffnung. Was wären wir ohne Hoffnung? Es gibt mehr als das, was unser rationaler Verstand wahrhaben will. Eine tiefe Sehnsucht, in dem modernen dazu aufgeklärtem Menschen ausgelöst, eine Sehnsucht, dass es mehr gibt.
Im Grunde ist alles was wir tun, alles wofür wir stehen auf unsere Hoffnung zurückzuführen.
Die Hoffnung Etwas oder Jemanden verändern zu können. Die Hoffnung angesichts unseres Tuns Erfolge zu sehen. Die Hoffnung, Besseres, Anderes, Größeres, Weiteres oder Einfacheres zu erreichen.
Jeder Mensch trägt ein kleines Licht in sich. Man nennt es auch das Licht der Hoffnung. Denn ohne Hoffnung, könnten wir nicht sein.

Die Hoffnung und Sehnsucht nach der eigenen Verwirklichung ist es, die uns Tun und Machen lässt. Sie ist verantwortlich für unser Schaffen und ist sozusagen der Antriebsmotor für unsere Taten. Sie macht das Dunkle ein bisschen heller. Lässt uns ein bisschen lauter lachen. Lässt uns niemals aufgeben. Lässt uns Träume haben und an Wunder glauben.

Ja, diese Hoffnung ist eine ganz wichtige Eigenschaft, die jeder von uns in sich trägt.
Das Streben nach unseren Wünschen erleuchtet und erleichtert unseren Alltag ungemein.

Das Fundament unseres Daseins, ist der Glaube. Wichtig ist, dass man diesen Glauben nicht nur im Außen, sondern auch in seinem Inneren sucht und findet.

Solange man nicht wahrlich an, mit und für sich glaubt, wird man nie authentisch genug sein, um seine Ziele zu erreichen.
Authentizität bedeutet Echtheit. Das Auftreten eines erkennbaren Originals. Und zwar nicht nur der Welt gegenüber, sondern auch sich selbst gegenüber.

Kurz gesagt: Versuche nicht krampfhaft jemand zu sein, nur um von Außen den Qualitätsstempel zu bekommen, dass alles richtig ist. Wer hat sich denn die Freiheit genommen, diese Norm zu setzen? Was ist denn schon richtig oder falsch, gut oder schlecht? Wichtig ist immer nur, ob es gut oder richtig für dich ist. Versuche, dich so sein

zu lassen und so zu akzeptieren, wie du eben bist.
Mangelnder Glaube an dich und an das was du
tust, kann dich in deiner Verwirklichung blockieren.
Es kann sich wie eine Blockade anfühlen, die sich
unsichtbar um dein Leben hüllt. Vielleicht fragst du
dich sogar in diesem   Moment, wieso um alles in
der Welt du nicht voran kommst.
Obwohl du so sehr an dein Ziel glaubst, so hart
daran arbeitest, so viel investierst und dich
regelrecht verausgabst. Obwohl du alles alles alles
gibst, was dir zur Verfügung steht, du es so sehr
willst und all deine Kräfte dafür einsetzt. Es will dir
einfach nicht gelingen. Egal wie viel Kraft du auch
aufwendest, du bewegst dich einfach nicht von
der Stelle. Du kommst nicht voran. Du kommst
nicht weiter. Du verharrst an diesem einen Punkt
und   absolut nichts wird anders. Wieso?

Dir fehlt der Glaube. Der Glaube, dass du genug
bist. Mit dem Glauben an dich steht und fällt alles.
Wenn es dir an Glaube mangelt, wirst du nie das
erreichen, wonach du so verzweifelt strebst. Du
wirst weiter an dem einen Punkt verharren und
deine Kräfte unnötig verschwenden.

Der Glaube an dich selbst ist das Wichtigste und
Einzige, dass dich weiter bringen kann. Wenn du
wirklich daran glaubst, dass du als Mensch so
wertvoll wie nichts und niemand auf dieser Welt

bist, dann, nur dann, werden sich Türen öffnen.
Denn mit dem Glauben, den du dir selbst
schenkst, kommt der Glaube an das, was du tust.

Du musst verstehen, dass, wenn du selbst nicht
an dich glaubst, du nicht von Anderen erwarten
kannst, dass sie es tun.das ist ungefähr so, als
würdest du mit einer brennender Zigarette vor mir
stehen und mir erklären, wie
gesundheitsschädigend das Rauchen ist.
Es verliert an Glaubwürdigkeit.

Du musst an Dich glauben.

Du musst an Dich glauben.

Du musst an Dich glauben.

Es gibt genug Leute, die es nicht tun. Klingt das
gerade wie eine Herausforderung? Ich weiß, dass
du es kannst.

Manifestation

Die Manifestation ist der Prozess des
Erkennbar - Werdens. Die Voraussetzung dafür, ist
eine hohe emotionale Schwingungsfrequenz.
Beginnend damit, dass man positive und gezielte
Gedanken, die mit dem Gefühl des bereits
manifestierten Wunsches einhergehend, an das
Universum sendet.

Sprich: Manifestation bedeutet also nichts
anderes, als seine Gedankenkraft schöpferisch
und aktiv dafür einzusetzen, um dein Leben so zu
gestalten, wie du es gerne haben möchtest.

Angenommen du möchtest eine neue
Manifestation ins Leben schicken, wie gehst
du also vor?
Der erste Schritt besteht darin, dir wirklich
darüber im Klaren zu sein, was genau du
manifestieren möchtest. Du musst dir vorstellen,
dass dieser Wunsch bereits   Realität ist. Du musst
das Gefühl, dass das Eintreten deines Wunsches
mit sich bringt, bereits fühlen können. So, als ob
deine Manifestation bereits Wirklichkeit geworden
ist. Male dir alle möglichen Szenarien dazu aus,
die deine Vorstellungskraft dir erlaubt. Werde dir
immer klarer und klarer darüber, wie wunderbar es

sich anfühlt, genau das zu Erfahren, zu Erreichen, zu Leben, was du dir so sehnsüchtig wünschst.

Umso detaillierter du dir über das, was du haben möchtest, im Klaren bist, umso schneller wird dein Auftrag vom Universum erhört werden.
Was bedeutet das? Es bedeutet nichts anderes, als das bewusste Erschaffen deiner eigenen Realität.
Sprich, sobald du deine Bestellungen an das Universum sendest, gehen diese mit Schwingungen deines Unterbewusstseins in die Materie über.

Je mehr du daran glaubst und es wirklich fühlst, desto eher wird dein Wunsch eintreten.

Halten wir fest: Du kannst dein Leben bewusst mit deiner Gedankenkraft beeinflussen.
Manifestationen brauchen natürlich ihre Zeit. Diese Zeit kannst du weise nutzen, indem du zum Beispiel immer wieder den oben erläuterten Prozess wiederholst, bis dir dieser im Schlaf von der Hand geht.

"Ungeduld treibt entweder das Gewünschte fort, oder verzögert sein kommen."
Prentice Mulford

Du musst dir über dein Unterbewusstsein bewusst werden, wenn du das nicht tust, werden dir Dinge passieren und du nennst sie Schicksal. Wenn dir bewusst wird, dass du alles mit deinem Unterbewussten steuern und lenken kannst, wird sich dein Leben komplett ändern. Du wirst dich nicht länger als Opfer des Lebens fühlen, sondern du wirst zum Urheber. Du selbst bist der Autor deines Werkes. Du bestimmst jedes Wort, jeden Satz, jede Zeile. Du hast die Macht, alles neu zu schreiben, zu überarbeiten, zu löschen oder etwas hinzuzufügen. Du bist der Macher deines Schicksals.

Genauer betrachtet, ist es in meinen Augen kein Schicksal, sondern nur die Folge dessen, was du bereits an das Universum aussendest. Die Resonanz, die du ins All schickst, Sekunde um Sekunde, Tag um Tag, all das, ist dafür verantwortlich, was dir geschieht.Du bist niemals das Opfer. Du bist immer nur der Täter. Werde dir bewusst, dass du immer selbst für alles verantwortlich bist.
Jemand anderes dafür verantwortlich zu machen ist unfair und falsch. Du bist der Grund, Du bist die Verantwortung, die du in anderen suchst und e infach nicht findest. Die Antwort auf die Frage *Warum* findest du *immer* nur in Dir.

Das Licht, dass jeder von uns in sich trägt, das nur vielleicht manchmal nicht so hell scheint, will in die Welt hinausgetragen werden. Das Licht, dass vielleicht momentan niemand oder auch nur du selbst siehst, wartet erpicht darauf, dass es endlich aus dir scheinen *darf*.

Jenes Licht nennt sich dein Glaube und diesen Glauben gilt es zu finden. Der einzige Ort, an dem du wirklich fündig werden wirst, ist in dir. In keinem Menschen, in keiner Sache und in keinem Gefühl, wirst du finden, wonach du suchst. Nur in der Tiefe deiner Seele wirst du die Antworten erkennen, die dich vielleicht schon dein Leben lang plagen.

Vielleicht fragst du dich auch manchmal, wie dein Glaube dein Leben beeinflusst.

"Was habe ich erreicht?"
"Was habe ich verändert?"
"Wen habe ich bereichert?"
"Was habe ich gegeben?"

Zu glauben bedeutet mehr zu geben, als man erwartet. Jeden Schritt in dem Wissen zu gehen, dass man niemals alleine ist. Es ist unser Glaube, der uns nie von der Seite weicht. Unser Glaube an Gott, Allah, das Universum oder eine spirituellen Energie.

Glaube bedeutet in meinen Augen stark zu sein.
Stärker als man eigentlich ist.
Länger durchzuhalten, als es seine Kräfte eigentlich zulassen.
Gutmütig zu sein und im Sinne seines besten Wissens und Empfindens zu agieren.
Barmherzigkeit zu zeigen, die sich in Worten und Taten widerspiegelt.
Standhaft zu sein, für all jene, die Halt brauchen.
Das Wort zu ergreifen, für all jene, die es nicht können. Der Anker zu sein, für all jene, deren Schiff sich in Seenot befindet. Zu glauben ist eine Lebenseinstellung, die, so wage ich es zu sagen, dein Leben nur bereichern kann.

Veränderung

Hast du nicht auch manchmal das Gefühl, dass das nicht alles gewesen sein kann? Dass du einfach noch nicht da bist, wo du sein könntest? Dass das einfach noch nicht genug ist? Weißt du, wenn irgend etwas besser werden soll, muss es zuerst anders werden.
Den Preis den du dafür zahlen musst, ist dein altes Leben. Fast schon komisch, oder?

Bist du bereit den Preis dafür zu zahlen? Dein altes Ich aufzugeben, dein altes Leben hinter dir zu lassen? Das Vertraute, aber Stillstehende loszulassen und dich ins Neue, Unvorhersehbare zu stürzen? Den freien Fall zu riskieren, obwohl du nicht genau weißt, was dich am Boden der Realität erwartet.. aber trotzdem das kleine Risiko einzugehen? Denn, wie bereits erwähnt, wenn es besser werden soll, muss es anders werden. Was soll passieren?

Die Bestätigung im Außen zu suchen macht dich nicht glücklicher. Nach der Anerkennung anderer zu streben macht dich nicht erfüllter, sondern noch leerer. Um die innere Leere du füllen, musst du die Bestätigung in Dir suchen. Soll ich dir etwas sagen? Diese Bestätigung findest du immer nur in deinem Glauben. Wunder passieren immer im

Glauben, nicht im Wissen. Wunder passieren nicht im Wissen, sondern im Glauben. Wunder passieren immer nur dann, wenn dein Glaube groß genug ist.

Innere Leere entsteht dort, wo du das Gefühl hast, nicht auszureichen. Ergo sucht der Mensch dann nach irgendeinem Weg, um dieses Loch zu füllen. Meistens dann jedoch an der falschen Stelle. Nicht die Toleranz und Akzeptanz anderer wird diese Schwärze erhellen, einzig und alleine *Deine Liebe* zu dir, wird Licht in dich bringen.
Egal wie sehr du versuchst anhand unterschiedlichster Methoden Klarheit in dein Leben zu bringen, umso verwirrter wirst du am Ende des Tages zu Bett gehen. Wieso?
Die Antworten, nach denen du suchst, findest du nur in der Tiefe deines Herzens. Du musst verstehen, dass du alles was du brauchst, bereits in dir hast und in dir existiert.

Ich gebe dir mein Wort, dass du all die Antworten auf all deine Fragen, in dir selbst findest. Du bist genug. Du bist gut genug, genau so, wie du bist.

Damit es anders wird, muss es erst schlechter werden. Und du gleichzeitig besser. Wenn du besser bist, wird es zuerst anders und dann einfacher.

So simpel ist die Gleichung des Lebens. Wieso fällt es uns dennoch so schwer, Veränderungen einzuleiten und in die Tat umzusetzen?

Veränderungen sind oft schmerzhaft, deshalb fürchten wir sie. Veränderungen bedeuten oft Abschiede von Menschen, Wegen oder Zeiten in deinem Leben. Doch es schmerzt, dort zu bleiben, wo man nicht hingehört. Nur durch den Schmerz, den es auszuhalten gilt, wirst du dein gewünschtes Ziel erreichen.
Dein utopisches Fin de Sol. Schmerz adelt.
Es steht außer Frage, dass es an manchen Tagen schwerer ist, das Lächeln der Welt zu erwidern, als an anderen. Und dennoch, solltest du dein Lächeln nie verlieren.

Der Schmerz, damit ein Mensch vom passiven ins aktive Handeln übergeht, mag zwar nicht angenehm sein, aber er ist notwendig.
Eigentlich solltest du dankbar sein. Dankbar, dass du diesen Schmerz erfahren darfst. Denn jeder Schmerz bedeutet Wachstum. Nur im Schmerz wächst man. Durch, mit und letztendlich über sich hinaus.

Der Mensch an sich ist so konzipiert, dass er erst dann beginnt, seine passive Haltung gegenüber Problemen zu hinterfragen, wenn der Schmerz irgendwann unerträglich wird. Zu massiv, um ihn noch länger zu ertragen. Erst dann, wenn es wahrlich um das seelische Überleben geht, beginnt der Mensch zu Handeln, sprich beginnt etwas zu ändern.

Wieso also erst dann anfangen zu kämpfen, wenn es schon fast zu spät ist?
Liegt es im Ursprung unserer DNA, dass wir immer wieder den Kampf suchen? Den Kampf, den schon unsere Ahnen ums pure Überleben führten, die Kriege, die schon unsere Vorfahren initiierten? Was ist es, dass uns immer wieder in die Lage der absoluten Konfrontation mit der Idylle bringt? Sind wir, obwohl wir es niemals zugeben würden, unterbewusst immer auf der Suche nach der Möglichkeit uns zu beweisen?

Ich weiß, du willst, dass es anders wird. Du willst, das es besser wird. Aber bedeutet anders immer auch einfacher? Oder bedeutet anders einfach andere Herausforderungen, ja vielleicht sogar andere Probleme oder Sorgen?

Wenn du dich entscheidest zu wachsen, musst du dir bewusst sein, dass du dich für *mehr* entscheidest. Mehr Geld, mehr Glück, mehr Selbstvertrauen, mehr Lebensqualität, aber auch mehr Probleme und größere Herausforderungen.

Das Leben gibt dir immer alles. Es kennt kein Entweder Oder. Es gibt dir Licht, aber auch Schatten. Es gibt dir Glück, aber auch Leid. Es gibt dir Freude, aber auch Trauer.

Wie bereits erwähnt, ist hier das Paradebeispiel Yin und Yang sehr passend.
Die alte chinesische Lebensphilosophie besagt, dass in jedem Schlechten auch etwas Gutes ist und in jedem Guten auch etwas Schlechtes. Meines Erachtens nach kann man das auch auf das liebe Leben beziehen.

Dir muss bewusst sein, dass alles in Verbindung miteinander steht. Alles steht im Einklang miteinander. Du stehst im Einklang mit dem, was du bist und du begegnest im Leben immer dem, was du ausstrahlst. All das ist auf die universellen Gesetze des Universums zurückzuführen. Jene Gesetze, auf denen unser Dasein fundiert. Jene ausschlaggebenden und unausgesprochen Gebote, aus denen die gesamte Menschheit heraus entstanden ist. Du und ich. Wir alle, die heute und hier verweilen.

Auch ich gehöre zu den Menschen, die nur schwer mit Veränderungen zurecht kommen. Es ist nie einfach für mich, mich in neuen Situationen zurecht zu finden, etwas hinter mir zu lassen, jemanden zu verlieren oder einfach nur aus meiner Gewohnheit auszubrechen. Veränderung bedeutet immer, dass du mit dem Unbekanntem oder Neuem konfrontiert wirst.
Auf eine Veränderung folgt die nächste Veränderung, dann die nächste und dann die nächste..

Sobald du einmal damit angefangen hast, wirst du bemerken, dass du das erste Glied zum Schwingen gebracht hast und du dich nun in der Kette, der dir vorherbestimmten Ereignisse, befindest. Uns immer wieder zu verändern ist doch auch wunderbar, oder? Stillstand bedeutet Tod für mich. Wenn alles stillstehen würde, würden wir immer so bleiben, wie wir sind. Wir würden uns nicht ständig weiterentwickeln, nichts Neues lernen, keine neuen Gedanken in uns entfachen, keine neuen Interessen entdecken, keine Dinge hinterfragen, keine neuen Menschen kennenlernen und keine Fehler machen. Unser Leben würde stillstehen. Nur in der Veränderung liegt das Wachstum, von dem wir Menschen profitieren.

Wieso haben wir also trotzdem oftmals großen Respekt davor, aus unserer Komfortzone auszubrechen? Du hast immer die Möglichkeit besser als du warst, aus einer Situation hervorzugehen.

Aber hier bist wieder du gefragt:

Es ist immer entscheidend, wie du an die Sache herangehst. Wenn du aktiv lebst, dann kannst du deine Veränderungen bewusst in die Wege leiten und sie zu deinem Vorteil nutzen. Sprich, aus jeder vielleicht noch so aussichtslosen Situation, etwas für dich herausholen und etwas Positives darin erkennen. Neues wirkt anfangs vielleicht bedrohlich und oft überwiegt dann die Angst oder Skepsis vor möglichen Unannehmlichkeiten, die eventuell eintreten könnten.

Das ist auf nichts anders als auf unseren Urinstinkt zurückzuführen. Jener Impuls, der unser Überleben sichert. Die gesunde Skepsis einer Sache gegenüber, die wir noch nicht kennen. Wir sind immerzu darauf bedacht, unser Überleben zu sichern und ein gesunder Respekt vor Herausforderungen, ist eine gute Sache. Das Wichtige aber ist, sich nicht von diesen Impulsen beherrschen zu lassen. Es gehört immer eine Portion Mut dazu, sich dem ungewissen Prozess zu stellen.

Veränderung ist immer ein Prozess. Wenn du dich also entscheidest, aktiv eine Veränderung einzuleiten, dann musst du nicht mehr darauf reagieren, sondern kannst sie gezielt lenken. Wenn du jedoch solange wartest, bis die Veränderung bereits da ist und du nicht mehr aus kannst, dann musst du passiv reagieren. Das führt meistens dazu, dass man sich komplett überrumpelt und wie vor den Kopf gestoßen fühlt. Plötzlich muss schnell eine Entscheidung her und es bleibt keine Zeit mehr, um sich das Ganze genau zu überlegen.

Also halten wir fest: Du solltest die Anzeichen und kleinen Signale, die *immer* da sind, erkennen und bewusst wahrnehmen. So findest du dich in der Lage, in der du selbst den Anstoß für einen Richtungswechsel geben kannst. So vermeidest du die allzu gut bekannte fünf vor Zwölf Situation, die von dir eine sofortige Entscheidung verlangt. Deshalb ist es wichtig, dass du Visionen und Ziele hast, die dich im Prozess der Veränderung begleiten und unterstützen. Denn wenn du eine Vision hast, dann bedeutet das Wachstum und positive Entwicklung!

Wenn du aktiv an einer Veränderung arbeitetest und deine Ziele und Visionen stets vor Augen hast, wird es dir leichter fallen, in unangenehmen Situationen nicht aufzugeben. Nimm dir deine Ziele und Träume als Beweggrund, um Tag für Tag mehr zu geben, um sie schneller zu erreichen!

Sinn

Es gibt Momente im Leben, die nicht so einfach
sind. Es ist nicht ungewöhnlich, dass diese
Augenblicke dann die Sinnfrage des Lebens mit
sich bringen.
Man fragt sich, welchen Sinn eigentlich alles hat
und weiß nicht so recht, wozu man eigentlich
bestimmt ist. Weiß nicht so recht, was richtig und
falsch ist. Weiß nicht so recht, ob das, was man
tut, wirklich Sinn macht. Fragt sich, wieso man
eigentlich begonnen hat, wenn die gewünschten
Erfolge ausbleiben.
Kurz gesagt: Man sucht verzweifelt nacht dem
Sinn. Ganz genau diese Momente sind es, in
denen wir gezielt unsere Aufmerksamkeit auf die
uns bereits bescherten Erfolge richten und uns auf
das besinnen können, was wir bereits erreicht
haben.

Dinge, die gut funktioniert haben und die wir so
umsetzen konnten, wie wir es uns vorgestellt
hatten.
Jene Ergebnisse unseres Schaffens, die wir uns
prompt positiv in Erinnerung rufen können.
Diese Erfolge sind dein Verdienst.
Du warst derjenige, der hart daran gearbeitet hat.
Du warst derjenige, der sein Herzblut
hineingesteckt hat. Du warst derjenige, dessen

Hoffnung und Glaube dazu beigetragen haben, dass es funktioniert hat. Es ist dein Ertrag. Es ist dein Triumph. Es ist dein kleiner gewonnener Kampf.

Wichtig ist also: Versuche, dich auf deine bereits erreichten Ziele zu konzentrieren, mögen diese noch so klein sein. Es geht einzig und allein darum, dass du den Glauben an dich und das, was du tust, nicht verlierst. Dabei hilft es dir, die bereits passierten und erfolgreich bewältigten Meilensteine vor Augen zu halten. Denn wie du siehst, hast du die Fähigkeiten, an denen du momentan zweifelst. Wie du siehst, ist es von Bedeutung, dass du weiter machst. Wie du siehst, ist es sinnvoll.

Erinnere dich, war es kein gutes Gefühl, als du etwas geschafft hast? War es kein erleichterndes Gefühle, als du ganz oben auf dem Berg standest, dessen Anstieg so hart war? War es kein Gefühl von Stolz über dein Durchhaltevermögen, als du dort warst, wo du gerne hinwolltest? Natürlich war es ein gutes und angenehmes Empfinden.

Die Sinnfrage des Lebens ist aber nicht nur das. Sie besteht nicht nur aus Erfolgen oder Niederlagen. Sie entspringt einer viel tiefgründigeren Ebene.

Hinter der simplen Frage:

„Macht es denn überhaupt Sinn, was ich tue?"

steht eigentlich die Frage:

Wieso bin ich hier?

Es ist die Frage der Existenz. Jene Frage, die sich jeder Mensch einmal stellt. Jene Frage der Berechtigung, hier auf Erden zu verweilen. Jene Frage, nach seiner vorhergesehen Bestimmung. Jene Frage, der Gegebenheit des Lebens fähig zu sein. *Bin ich genug?*

In diesem verwundbaren Augenblicken ist dein Licht nur mehr ein flackerndes Leuchten und droht auszugehen. Verstärke also nicht die Winde des Zweifels, sondern komme zur Ruhe, in der Stille des einfachen Seins. So wird dein Licht wieder heller und heller, dein Glaube an dich und dein Schaffen wieder größer und stabiler. Stelle nicht den Sinn deines Hierseins in Frage, sondern stell dir stattdessen lieber die Frage, was deinem Leben einen Sinn gibt.

Wofür stehst du jeden Tag auf? Wer gibt deinem Leben mehr Sinn? Welche Menschen sind wichtig und wertvoll für dich? Welche Dinge siehst du als Bereicherung?

Ich kann dir versprechen, dass dein Licht niemals ausgehen wird. Es mag an manchen Tagen vielleicht klein und fast unsichtbar leuchten, aber es wird nie aufhören zu brennen. Denn Glaube hört niemals auf. Die Hoffnung wirst du immer in deinem Herzen tragen. Sie wird dich den Rest deines Lebens begleiten. Was auch immer du tust, wohin dein Weg dich auch führen mag, dein Licht geht niemals aus.

Weißt du wie Sterne entstehen? Die Lichter der von uns Gegangenen, finden ihren Platz am Himmel. Sie leuchten und strahlen mit all ihrer Leuchtkraft am Antlitz der Welt und wachen über dich und mich.

Die Sinnfrage, die Frage nach dem *WARUM* steht über allem. Sie gibt dem Leben einen Sinn, eine tiefere Bedeutung. Wir wollen nicht einfach nur funktionieren. Funktionieren in einer Gesellschaft oder einem System, das mir immer wieder Tränen in die Augen treibt.

Die Gesellschaft, die uns in Systeme steckt, in die wir gar nicht hineinwollen, in denen wir uns nicht entfalten können. In Raster, in die man wortlos eingegliedert wird, obwohl man das gar nicht will. Es ist so vorgeschrieben, es gehört so, alle machen das so.

Wie in einer Bibliothek, in der du nicht lesen darfst und es nur gestattet ist, zu schauen. Wozu dann die ganzen Bücher mit Wissen und Geschichten, wenn einem das Lesen selbst untersagt wird? Um alles schön in Reihe und Glied zu halten, nehmen wir in Kauf unser wahres Ich zu verstecken. Wir haben Angst auf Ablehnung zu stoßen, wenn wir dann doch einmal aus der Reihe tanzen, vielleicht dann doch einmal etwas anders machen, als die anderen. Vielleicht dann doch einmal etwas hinterfragen und nicht nur einfach stumm akzeptieren, was man uns erzählt.

Wer den Mund aufmacht und seine Stimme erhebt, wird nicht gerne gesehen. Es bedeutet immer eins: Probleme. Kennst du das? In meinen Augen ist es ein Zeichen von Stärke! Dir ist es wichtiger, dein Eigen in die Welt zu tragen, als dir Grenzen setzen zu lassen. Dir ist es wichtiger zu erkennen, auf welche Art und Weise du diese Welt bereichern kannst. Dir ist es wichtiger zu verstehen, was hinter dem großen Ganzen steht.

Du stellst genau die Fragen, die keiner beantworten möchte. Du spürst einfach, dass die Normen, denen du dich fügen solltest, unpassend für dich sind. Genau deshalb entscheidest dich gegen sie und für Dich.

Ich möchte dich an dieser Stelle vorwarnen, dass du dabei oft auf Ablehnung treffen könntest. Denn, wenn jemand es wagt, aus dem Schema zu tanzen und sich gegen die „oftmals falschen Glaubenssätze der Gesellschaft" entscheidet, trifft dieser Jemand meist nur auf Wut oder Unverständnis, Intoleranz oder auch Hass.

Ist es nicht wunderschön, wenn jemand den Mut aufbringt für sich selbst einzustehen und dafür sogar in Kauf nimmt, auf Unverständnis oder sogar Ablehnung zu stoßen? Ist es nicht wunderbar und bemerkenswert, wenn jemand so sehr an sich Selbst glaubt, dass er das mit der Welt teilen möchte, auch wenn, oder gerade eben weil es *anders* ist?

Wer auch immer du bist, du bist ganz wunderbar, genauso, wie du heute hier lebst. Du hast das Recht dazu, dass du das, was in dir ist, mit der Welt teilst und es aus dir scheinen lässt.

Was dir deine innere Stimme vermitteln will, hat immer Recht. Zweifle niemals an deiner Intuition. Schon unsere Urahnen haben sich auf ihre Intuition verlassen und ihr wohlgemerkt, wohl ihr Leben zu verdanken. Wieso sollten wir uns nicht also auch auf unsere Intuition verlassen können? Was ist heute anders als damals? Das was du tust, hat alles einen tieferen Sinn. Deinen tieferen Sinn. In deinem Leben. Du kamst auf diese Welt, um so zu sein wie du bist und nicht um jemand zu sein, der ins perfekte Muster der vorgeschriebenen Gesetze und Regeln passt.

Du bist genau richtig, wie du bist. Und ich hoffe, dass du das eines Tages erkennst. Ich wünsche dir von ganzem Herzen, dass du heute Abend mit einem Lächeln einschläfst und begreifst, wie wertvoll du bist. Ganz genau so, wie du bist.

Wir Menschen waren bereits vollkommen, noch bevor wir unseren ersten Atemzug taten. Bevor wir das erste Mal unsere Augen aufschlugen und das Licht der Welt erblickten. Wir sind gesegnet mit all den Fähigkeiten, die wir zum Leben brauchen. Wieso haben wir dennoch so oft das Gefühl, dass uns etwas fehlt? Wieso fällt es uns so schwer, glücklich zu sein?

Die Wahrheit ist, dass, alles wonach wir suchen, was wir glauben erst finden zu müssen, schon längst da ist. Auch hier spielt das Unterbewusstsein eine gewaltige Rolle.
Es impliziert das Fehlen einer uns ersehnten Fähigkeit oder eines Zustandes, obwohl du diese Fähigkeit bereits in dir trägst. Doch du hast diese Fähigkeit noch nie in dir erlebt, weil du sie vielleicht noch nie benötigt oder gezielt nach ihr gesucht hast. Deshalb ist es etwas Unbekanntes, etwas Neues, etwas noch nie da Gewesenes.
Doch es lebt bereits in dir, auch wenn du es noch nicht sehen, fühlen oder erkennen kannst, es ist bereits allgegenwärtig.

"Die Augen sind blind, man muss mit dem Herz suchen."

Auf der Suche nach deinem heiligen Gral wirst du Dinge finden, nach denen du eigentlich gar nicht gesucht hast, deren Existenz dir womöglich gar nicht bewusst war.

Die Sphären deiner Seele sind so viel komplexer, als dass es unser Verstand jemals begreifen könnte. Was du im Hier und Heute erlebst, ist nur ein Bruchteil dessen, was sich eigentlich in Dir befindet.

Glanz und Glorie. Der heilige Gral, der dich erwartet, ist nichts als die pure und komplexe Quelle deiner Lebensenergie. Das Abbild deines ganz persönlichen *WIESOs*. Dein Antrieb, der dich Tag ein, Tag aus, Dinge tuen lässt, deren Sinn und Zweck es zu erfüllen gilt.

Wonach suchen wir eigentlich? Die Frage aller Fragen, die wohl jeder für sich selbst beantworten muss. Die Frage aller Fragen, um deren Antwort man nicht umher kommt. Suchen wir nach Anerkennung, nach Freiheit, nach Liebe, nach Bestätigung, nach Freunden, oder nach Verständnis?

Ich bin der Meinung, dass hinter jeder dieser Möglichkeiten die simple Frage des existentiellen Wieso steht. *Wieso* bin ich hier? *Wofür* lebe ich? *Was* gibt meinem Leben einen Sinn?

Im Laufe dieser Suche geht es darum, dass du das Beste aus dir herausholst. Damit du zu der besten Version von dir selbst wirst und dein bestmögliches versuchst, um diesen Ort, den du Leben nennst, zu einem besseren zu machen.
Es geht darum, seine Stärken gezielt für die richtigen und wichtigen Dinge einzusetzen und sein wahres Potential zu entfalten und auch auszuleben.

Das Leben reicht dir in den unterschiedlichsten Arten seine helfende Hand. Auch wenn du sie 999 Mal nicht angenommen hast, wird das liebe Leben nicht aufhören, dir immer wieder Hilfe anzubieten.
Es schickt dir laufend Botschaften in Form von Menschen, Situationen oder Intuitionen, die dich auf den richtigen Weg leiten sollen.

Doch nur wer aufmerksam und achtsam durch das Leben geht, wird diese unsichtbaren Gesten erkennen.
Hand in Hand geht es sich um so vieles leichter.
Wenn du also die liebevolle Hand annimmst, wirst du bemerken, dass sich der Weg plötzlich um so vieles   leichter geht, so viel klarer scheint, so viel mehr Sinn macht und du ganz plötzlich viel besser vorankommst.

"Ist es der Teufel, der in meiner Seele wohnt? Ist es Satan höchstpersönlich, der mir mein Glück verwehrt? Ist es das Böse, das von mir Besitz ergriffen hat? Bin ich für immer in der Dunkelheit gefangen? Was, ich frage mich, was lässt mich immer wieder an den Ort des Todes zurückkehren? An diesen grauenvollen Ort, der Angst triggert, der Ohnmacht verschlimmert und Zweifel wie die Luft, die ich zum Atmen brauche, durch meine Lungen pumpt. Der Ort, der auch problemlos ohne Licht, Schatten wirft und jeden Sieg, in Niederlagen erstickt.

Ich habe Angst. Ich habe Angst. Ich habe Angst vor dem Leben. Nicht der Tod ist es, dem ich ehrfürchtig ins Auge blicke, sondern dem Leben. Dem lieben Leben. Meinem lieben Leben.

Meine Zukunft macht mir Angst. Ich weiß nicht wieso. Wieso macht sie mir so große Angst? Wieso lebe ich in der Vergangenheit und suhle mich im Schmerz meiner Erlebnisse, anstatt das Ganze hinter mir zu lassen und mich auf Morgen zu freuen? Auf jeden neuen Morgen. Auf jeden neuen Tag. Auf jede neue Möglichkeit.

Irgendwo auf meiner Reise habe ich mich selbst verloren und seither nicht wieder gefunden. Kein Mensch, kein Tier, kein Ort konnte mir jemals das geben, was mir genommen wurde. Mein allerwichtigster Schatz. I C H S E L B S T.

Seit dem fehlt mir der Halt, fehlt mit der Grund,
fehlt mir der Sinn, in allem was ich tue.
Wo bin ich hinverschwunden?
Ich, die so mutig war. Mutiger als ihr Verstand.
Ich, die so draufgängerisch war. Draufgängerischer
als jedes Risiko. Ich, die so viel zu sagen hatte. So
viel mehr zu sagen hatte, als Worte je ausdrücken
könnten. Ich, die so viel Liebe in sich hatte. So viel
mehr Liebe, als jemand nehmen konnte. Ich, die
niemals Angst hatte. Ich, die mit ihrem Leben
bezahlt hätte. Die ihr Leben für ihre Familie
gegeben hätte.
Ich, die immer so viel gelacht hat. Mehr gelacht,
als es allen lieb war. Ich, deren Augen immer voller
Hoffnung waren. So voller Hoffnung in dem
Glauben, dass alles gut wird.

Ich, die immer die Welt verändern wollte, die im-
mer die Welt verbessern wollte. Ich, die mit
Leichtigkeit durchs Leben geflogen ist. So viel
leichter, als jede Sorge.
Ich, die immer gekämpft hat. So viel länger
gekämpft hat, als es ihre Kräfte eigentlich zuließen.
Ich, wo bin ich?
Ich sehe in den Spiegel, aber sehe mein
Spiegelbild nicht Wo bin ich? Wer bin ich?
Wo habe ich mich selbst verloren?

Ohne zu Zögern würde ich alles geben was war, nur um heute wissen, wer ich bin. Jetzt. Im Moment. Genau jetzt. Denn ich suche, Gott, ich suche die ganze Zeit danach. In jedem Menschen. In jedem Ort. In jeder Bewegung. Ich suche verzweifelt nacht irgend Etwas, dass mich an mich selbst erinnert. Nach irgendetwas, worin ich mich selbst wieder erkenne."

Die unverkennbaren und bewegenden Zeilen eines Menschen, der sich verloren hat.

Die Suche an sich basiert immer auf der instinktiven Hoffnung etwas Neues, Erfüllendes und Richtiges zu finden. Wenn ich nicht weiß wer ich bin, kann mich nichts erfüllen. Wenn ich nicht weiß wer ich bin, fühlt sich nichts passend an. Deshalb ist es so wichtig, dass man sich auf die Suche nach sich selbst macht.

Der Mensch weiß immer ganz genau, was er nicht will und kann eine ganze Liste mit Dingen aufzählen, die auf keinen Fall passieren sollten. Wenn man ihn aber danach fragt, was es denn eigentlich ist, dass er wirklich möchte, blickt man in ein leeres Gesicht. Er weiß es nicht. Er kann es nicht sagen.

Wäre es deshalb nicht klüger, sich vermehrt auf die Dinge zu konzentrieren, die einem ein gutes, positives Gefühl vermitteln und diese zu Prioritäten zu machen? Sich nicht mehr länger auf die negativen Dinge zu fokussieren und unverhofft die Liste des "Was ich auf keinen Fall will" fortzuführen?

Wie finde ich heraus, was meine Bestimmung ist? Woher weiß ich, was das Richtige für mich ist? Mit jeder neuen Tür, die sich dir öffnet, ergeben sich neue Möglichkeiten. Mit diesen neuen

Möglichkeiten tauchen auch neue Chancen auf. Mit diesen neuen Chancen treten auch neue Entscheidungen in dein Leben. Mit diesen Entscheidungen kommen auch potentielle Verantwortungen und Konsequenzen auf dich zu. Du beginnst zu zögern. „Bin ich denn überhaupt bereit die etwaigen Rückschläge zu ertragen oder mein Versagen zu verantworten? Was ist, wenn ich mich falsch entscheide und dann wieder von vorne anfangen muss?"

Wie finde ich also meine Lebensaufgabe? Seinen Sinn, seine Lebensaufgabe oder seine Bestimmung zu finden, wird von immer mehr Menschen als essentiell für ein wirklich glückliches Leben befunden. Und das ist auch gut so! Wieviele Menschen hetzen Tag für Tag durchs Leben, sind total unglücklich, verfluchen ihren Job oder ihren Partner, aber ändern einfach nichts daran? Sie haben sich damit abgefunden, spielen die Tatsache, dass sie eigentlich verdammt unglücklich sind herunter und versuchen sich einzureden, dass es schon okay ist. Andere haben es ja auch nicht besser. So ist eben das Leben.

Am Ende blicken sie dann auf die kostbaren, viel zu kurzen Jahre zurück und realisieren, dass es zu spät ist. Irgendwann ist es einfach zu spät und die Zeit lässt sich nicht mehr zurückdrehen.

Sie realisieren, dass sie ihrer wahren Bestimmung nie auf den Grund gegangen sind oder diese wahrlich gelebt haben. Reue, Trauer und Wut werden sie auf ihrer verbliebenen Zeit begleiten.

Also frage ich dich, wie wichtig ist es dir, deine wahre Bestimmung zu finden? Ich habe einen kleinen Tipp für dich:

Nimm dir ein Blatt Papier und gib dir 30 Minuten Zeit. 30 Minuten, an einem Ort, wo du einfach sein kannst, du ungestört bist und deine Gedanken einfach fließen lassen kannst. In diesen 30 Minuten schreibst du die Frage: *Wofür lebe ich?* ganz oben auf dein Blatt Papier. Dann schreibst du alles nieder, jeden dir noch so belanglos erscheinenden Gedanken. Das machst du so lange, bis du Tränen in den Augen spürst. Denn die Antwort, die dir Tränen in die Augen treibt, ist die Richtige. Sie kommt aus der Tiefe deines Herzens. Tränen sind die Sprache deiner Seele. Sie kommen immer dann zum Vorschein, wenn dich etwas auf tiefer emotionaler Ebene berührt. Keine Sorge, diese Entscheidung ist auch keine Endgültige. Sie ist nur temporär das, was du wirklich willst. Das, woran du anknüpfen kannst, wenn du momentan nach deinem Sinn suchst.

Diese sogenannte Lebenssinne können sich im Laufe deines Lebens natürlich beliebig oft ändern. Wir, als wissbegierige Individuen, verspüren ja bekanntlich immer den Drang uns weiter zu entwickeln, Neues kennenzulernen, unsere Horizonte zu erweitern.

Deshalb ist es nur logisch, dass sich mit voranschreitender Zeit auch unsere Herzens- und Lebenswünsche transformieren.

Wo bin ich eigentlich zuhause?

Ich frage mich oft, was Heimat eigentlich bedeutet. Jenes Wort hat eine lange Geschichte und wurde vor allem in den letzten Jahrhunderten ein zunehmend wichtigeres Wort in unserer Gesellschaft. Obwohl oft politisch missbraucht, steckt doch viel mehr dahinter, als dass es einzelne Ideologien fassen könnten. Ist doch glasklar, was das bedeutet, mag der ein oder andere hier vielleicht denken. Bei genauerer Betrachtung bringt es einen aber doch zum Nachdenken. Es steht außer Frage, dass es jedem selbst überlassen ist, wie er das Wort für sich interpretiert und was genau es für einen selbst bedeuten mag.

In unserem Sprachgebrauch wird das Wort Heimat mit seinem Ursprungsland gleichgesetzt und ist ein viel zu strapazierter Begriff. Dort, wo man geboren und aufgewachsen ist. Dort, wo man sich durch ständigen Aufenthalt zuhause fühlt.

Ich bin der Meinung, dass Heimat eigentlich gar keiner Definition bedarf. Es ist vielmehr ein *Gefühl.*

Du musst nicht ein Leben lang reisen, nur um am Ende deines Lebens festzustellen, dass du an keinem Ort der Welt je wirklich zuhause bist. Die Wahrheit ist, dass du deine wahre Heimat nur in dir findest. Es spielt keine Rolle wo du dich befindest, denn deine Heimat trägst du mit dir, wo auch immer du bist. Dein Zuhause, der Ort an dem du dich am sichersten, am geborgensten fühlst, befindet sich einzig und alleine in deinem Herzen.

Immer wieder begegne ich Menschen, die sich auf jahrelange Reisen begeben, mit dem ultimativen Ziel der Selbstfindung. Sie suchen und suchen und ja, vielleicht entdecken sie hin und wieder Teile von sich selbst wieder, aber ihr echtes Zuhause? Finden sie das wirklich? Oder ist diese ganze Reise vielleicht nur eine Flucht? Eine Flucht vor sich selbst. Sie springen von Land zu Land und kommen nicht umhin sich in jeder Ecke der Welt zu vergewissern, dass sie bloß nicht die Antwort übersehen könnten. Die Antwort auf die ultimative Frage: *Bin ich hier zuhause?* „Und", frage ich sie dann, „hast du dich gefunden?"

Ich glaube, die Antwort kennt ihr bereits.

Es mag zwar hilfreich sein, Menschen, Orte oder Kulturen kennenzulernen, um sich selbst besser kennen und verstehen zu lernen, doch sich zu erwarten, seine neue Heimat in den verborgenen Winkel dieser Welt zu finden, ist, es tut mir leid, schlicht und einfach naiv.

Und dabei ist es, wie bereits erwähnt, absolut bedeutungslos auf welchem Kontinenten du dich befindest.

Wir Menschen bereisen die Welt, auf der Suche nach dem, was uns fehlt. Wir kehren zurück nachhause und finden es. Es wird einen Moment in deinem Leben geben, der dich endlich ankommen lässt. Der dich endlich durchatmen lässt und dir das Gefühl gibt: *ich bin Zuhause.*

Das Wort Heimat wird heutzutage oft mit dem Ort, an dem wir aufwuchsen, verbunden.

Meines Erachtens nach, ist das eine Illusion. Ich denke, dass es daher oft zu Missverständnissen kommt, was ein wahres Zuhause wirklich bedeutet. Ein Zuhause ist nicht der Ort an dem du lebst, schläfst, isst und bist, sondern ein Zustand, den du in dir erreichst. Ein Zustand, der nichts anderes bedeutet, als die pure Idylle deiner Selbstverwirklichung. Eine Beschaffenheit, in der du dich nicht länger auf der Flucht befindest.

Eine Gegebenheit, die dich endlich zur Ruhe kommen lässt.

Wieviele Menschen sind heimatlos?
Wieviele Menschen haben kein Zuhause?
Wieviele Menschen sind auf der Flucht?
Sei es vor Kriegen oder, und das ist wohl bedeutend öfter der Fall, vor sich selbst? Und dann? Ja, dann sind sie heimatlos.
Denn sie fühlen sich an keinem Platz richtig.
Ich denke, dass es deshalb so wichtig ist, seine Heimat zu kennen und für sich selbst zu definieren.

Sonst kann es gut sein, dass du ein Leben lang der ultimativen Utopie der Suche danach widmest. Und das kostet Kraft. Das wird dich so unglaublich viel Kraft kosten. Kräfte, die du viel besser einsetzten könntest. Nämlich für die Dinge, die dir eigentlich zustehen.

Sei mutig und finde heraus, wo dein wahres Zuhause ist. Stelle dir bis ins kleinste Detail vor wie es sich anfühlt, wer an deiner Seite ist und lass diese Atmosphäre bildlich auf dich wirken. Schließe die Augen und stell es dir vor. Ich möchte, dass du dir einen Ort vorstellst, an dem du dich wirklich wohl fühlst. Dann konzentriere dich darauf, wie du dich fühlst, wenn du wirklich angekommen bist. Das ist es. Genau dieses Gefühl bedeutet Heimat. Heimat, die du nur in dir findest. Nicht im Außen, nicht im Materiellen, sondern schlicht und einfach in deiner wunderbaren Seele.

Risiko

"Mikromort ist eine Maßeinheit für das Risiko. Die Masseinheit um das Sterberisiko von 1 zu 1 Million greifbar zu machen. " (1) <u>Quelle Wikipedia</u>

Das Risiko gehört zum Leben. Es entsteht immer da, wo der Mensch auf Unsicherheiten oder Gefahren trifft. Auf das Unbekannte, wenn man so mag.

Im Leben geht es darum, die Risiken gewissermaßen zu dimmen und Entscheidungen abzuwägen. Ein *Vielleicht* bedeutet meistens *Nein* und ein *Schauen wir einmal* meistens *Sicher nicht.*

Im Grunde triffst du Entscheidungen binnen Sekunden, du versuchst sie nur hinauszuzögern, indem du schön lange darüber nachdenkst und dich um Kopf und Kragen zu reden versuchst. Und das, obwohl du dich ja schon längt entschieden hast. Riskiere auch mal etwas!

Sind wir doch einmal ehrlich, es wäre doch verdammt langweilig, wenn alles immer nur perfekt verlaufen würde. Schon nach kurzer Zeit würden wir den Nervenkitzel, das "was wird wohl passieren Gefühl", die Herausforderungen, die Abenteuerlust oder das unbeschreibliche Gefühl, sich dann urplötzlich im freien Fall zu befinden, missen. Wir Menschen sind dazu veranlagt immer etwas theatralisch zu sein. Wir machen mehr Drama, als eigentlich angebracht wäre. Reden uns die Dinge viel schlimmer, als sie, ganz nüchtern betrachtet, eigentlich sind. Wieso das Ganze? Der Mensch sucht die Herausforderung, er braucht die Herausforderung. Risikobereitschaft ist mit dem Feuer, dass in jedem einzelnen von uns brennt, gleichzusetzen. Waghalsigkeit. Mut, etwas aufs Spiel zu setzen. Kühnheit, es darauf ankommen zu lassen. Es ist das Spiel mit dem Feuer, dass uns Energie liefert. Das Spiel mit Leben und Tod. Das Leben ist ein Spiel, du musst nur wissen, wie du es spielst. Du bist der Spielleiter und es liegt an dir, dein Spiel zu steuern. Du bestimmst die Regel, du bestimmst den Ablauf. Dein Spielfeld ist dein Alltag und die Anleitung dafür, entspringt deiner Fantasie.

Unerschrocken. Sich trauen zu springen, auch wenn man den Boden der Tatsachen nicht sehen kann. Der Sprung ins schwarze Loch.
Mut. Herr seiner Angst werden und den Stimmen der Furcht keine Beachtung mehr schenken.
Risiko. Bereit zu sein, auf Unbekanntes zu treffen.
Bereit, möglicherweise zu scheitern, es aber dennoch zu tun. Oder besser gesagt, es gerade deshalb erst Recht zu tun!
Herausforderungen anzunehmen, auch wenn sie

einem noch so absurd erscheinen mögen. Es trotzdem zu tun, wenn die anderen Nein sagen, es in dir aber ganz laut Ja schreit.

Wer nicht wagt, der nicht gewinnt, oder?

„Und dann bin ich gesprungen.
War nicht schwereloser als im freien Fall selbst.
Hab mich getraut, einfach so.
War am nicht am Fallen, sondern am Schweben.
Traf auf den unterbewussten Teil meiner Seele und verstand plötzlich dessen Sprache.
Verstand die Worte, die zuvor Hieroglyphen für mich waren. Konnte sie lesen, als hätte ich sie selbst geschrieben.
Sah die schwarzen Wolken meiner Vergangenheit an mir vorbeiziehen .
Fand mich in einem Wolkenbruch wieder, gewaltiger als alles mir bekannte.
Fühlte mich nie reiner, als der Regen meine Last mit sich von mir trug.
Blinzelte der Sonne entgegen und verstand plötzlich, dass sie immer da war. Sie war nie weg.
Wurde nur von den dunklen Wolken übermannt.
Aber sie war immer da. War immer auf meinem Himmel.
So flog ich, flog weiter, fühlte mich immer freier und lebendiger.
Sah die Stürme des Lebens an mir vorbeiziehen,

sah die Vögel des Lebens an mir vorüber gleiten. Dann Stille. Stille in meiner Schwerelosigkeit und Euphorie. Und ich verstand, verstand plötzlich das Leben.

Alles sprach für sich selbst, bedurfte keiner Erklärung mehr War nie klarer im Kopf, als mein Körper den Boden berührte War mutig gewesen, als ich am meisten Angst hatte.

Denn ich sprang. Ohne Vorstellung an das, was auf mich zukommen würde. Frei von Erwartungen und mir aufgezwungen Glaubenssätzen. Un gezwungenermaßen bereit, bald auf etwas zu treffen, dass mich erfüllen würde.„

Wenn ich in meinem bisherigen Leben eines
gelernt habe, dann lautet es wie folgt:
Ergreife jede noch so kleine Chance! Es stellt sich
fast immer heraus, dass das, wovor du die größte
Angst hattest und somit auch das größte Risiko
birgt, in den meisten Fällen genau das Richtige für
dich ist. Denn genau in diesem Risiko, steckt die
Lebensenergie des Wachstumspotentials.
Aus dir hinauszugehen.
Über dich hinauszuwachsen.
Besser zu werden, als du es jetzt bist.

Jedes Risiko hat natürlich auch den kleinen aber
feinen negativen Beigeschmack, dass etwas nicht
so funktionieren könnte, wie man es sich vorstellt.
Dass es nicht klappt, etwas genau so umzusetzen,
wie man es im Kopf hat. Dass man sich falsch
entschieden hat, die falsche Herangehensweise
gewählt hat oder einfach nicht genug gegeben
hat. Jeder Rückschlag, dem du begegnest, wenn
du das Risiko überhaupt erst eingehst, bringt dich
weiter voran, als es gar nicht erst zu versuchen.
Selbst jeder Fehlgriff bringt dich deinem Ziel ein
Stück näher.
Was ich dir damit sagen möchte?
Es ist nicht schlimm, wenn du scheiterst. Das
wichtigste ist, dass du es überhaupt versuchst!
Dass du überhaupt erst den Mut aufbringen
kannst, dich auszuprobieren. Das ist so wertvoll.

Zweifel nicht an dir, weil du es vielleicht nicht auf Anhieb geschafft hast, sondern bleib dran und wage dich erneut an diese eine Sache heran, solange, bis sie dir letztendlich gelingt.

Hier eine kleine Geschichte dazu:

Ein Freund von mir hatte Höhenangst. Er hasste die Höhe. Sein Job zwang ihn, sich seiner Höhenangst zu stellen. Er war befördert worden und musste nun seine erste Reise nach Hongkong antreten. So kam es, dass er sich eines Tages in einem Flugzeug wiederfand. Da war er nun also, in einem Flugzeug. Kilometerweit über der Erde. Dass er Fliegen übrigens auch hasste, muss ich hier wohl nicht extra erwähnen. Fliegen tut man ja bekanntlich in einer beträchtlichen Entfernung zur Erde, dem Boden unter den Füßen. Aber da saß er nun. Hoch in den Wolken merkte er urplötzlich, die Erde nur mehr in Umrissen zu erkennen, dass die Angst ihn zu übermannen drohte. Er konnte die Leute nicht verstehen, die sich darum reißen, einen Fensterplatz zu ergattern und coole Instagram Stories von den Wolken posten. Sind sie denn lebensmüde? Sind sie sich denn nicht im Klaren darüber, wie verdammt HOCH das hier ist? Irgendwo über den Wolken, weit weg vom Land, ja vielleicht sogar noch über dem Meer. Weit und Breit kein Boden in Sicht. Hilfe. Alarmbereitschaft machte sich in seinem Kopf breit. Wie gerne würde er auch die tolle Aussicht aus dem kleinen Flugzeugfenster genießen und ein verträumtes Instagram Bild posten.

Was also machte er?

Er atmete tief durch und versuchte, durch die Angst zu atmen. Als ihm das gelungen war, war er plötzlich ziemlich stolz. Wieso? Weil er bis vor ein paar Jahren noch nicht einmal einen Fuß in ein Flugzeug gesetzt hätte. Du musst wissen, dass es sein Traum ist, die Welt zu bereisen, um so viele Orte wie nur möglich, wahrhaftig und in Persona zu erleben. Es genügt ihm nicht, all diese Plätze auf Bildern sehen, nein, er wollte den Sand zwischen den Zehen spüren und sich die eisige Luft der Antarktis um die Ohren sausen lassen.

Doch, er konnte sich die Welt nicht so anschauen, wie er sie gerne sehen wollte. Er wusste nicht wie. Die Destinationen, die er so gerne live erleben wollte, waren schier unerreichbar mit der Bahn oder dem Auto. Sprich: Wenn er seinen Traum leben wollte, musste er sich seiner Angst stellen. Er kam einfach nicht ums Fliegen herum, wenn er wirklich wirklich viel von der Welt sehen wollte. Doch sein Traum alleine war anscheinend nicht stark genug. Erst in Verbindung mit seiner

Beförderung, konnte er sich überwinden, ein Flugzeug zu betreten. *Manchmal brauchen wir Menschen so einen Tritt in den Allerwertesten, der uns zum Handeln zwingt!*

Er ist durch seine Angst gegangen. Heute hat er zwar immer noch ein mulmiges Gefühl, was Flugzeuge und die Höhe betrifft, aber es bereitet ihm längst nicht mehr die Sorgen, die damals so gewaltig waren, dass sie ihn sogar an seinem Traum hinderten!
Mit der Zeit hat er gemerkt, dass die Angst von Flug zu Flug nachlässt und er immer besser mit der Situation umgehen konnte. Je öfter er sich dieser Angst vor der Höhe stellt, desto geringer wird sie. Sprich: Mit jedem Flug schwindet sie ein Stückchen mehr.
Wäre er damals das Risiko nicht eingegangen, hätte er niemals seinen Traum verwirklichen können. Er würde immer noch hier sitzen und sich denken: „Wie schön wäre es denn nur, wenn…"
Stattdessen fasste er sich ein Herz, nahm das Risiko "zu Sterben" in Kauf und stieg in ein Flugzeug. Sein Preis? Er wurde in seinem Job erneut befördert, sodass er nun ziemlich viel reisen muss. So gelingt es ihm sogar, seinen Traum mit seinem Job zu verbinden. Zufall? Nein, mein lieber Mensch, das passiert, wenn du dich deiner Angst stellst.

Selbstliebe

Wenn du dein Abbild in einem Spiegel betrachtest,
fällt dir meist zuerst das auf, womit du nicht
zufrieden bist. Deine Nase ist zu groß, deine
Augen zu klein, deine Oberschenkel zu dick und
deine Haare zu kurz.
Wieso legen wir den Augenmerk immer auf das,
was wir nicht gut finden?

Wieso fällt es uns so verdammt schwer, uns selbst
zu lieben?
Gewiss liegt es nicht daran, dass wir keine Liebe
geben können. Ein Paradebeispiel hierfür ist jene
Liebe zum Leben, welche dich veranlasst hat,
heute hier mit mir zu verweilen. Halten wir fest: es
ist uns also möglich Liebe zu empfinden, Liebe zu
verschenken.
Was aber genau ist es, dass, wenn die Liebe uns
selbst gilt, wie eine Blockade vor uns steht?
Jene Blockade, die wir erst mit Hammer und
Meissel brechen müssen, um sie zu überwinden.
Obwohl wir genau wissen, dass wir sie verdienen
und es uns gut tut, uns selbst lieb zu haben,
gehört es dennoch zu den schwierigsten
Aufgaben, die ein Mensch in seinem Leben zu
bewältigen hat.
Es ist deshalb so schwer, weil es wohl eines der
fundamentalsten Entwicklungen unserer

Persönlichkeit darstellt. Niemand kommt auf die Welt und ist der bedingungslosen Eigenliebe mächtig. Durch die verschiedene Entwicklungsabschnitte in unserer Entfaltung, gelangen wir Schritt für Schritt dem Ziel näher. Es ist eine Art Prozess, der seine Zeit braucht. Wie eine Art Meilenstein, den man passieren muss, um ins "echte Leben" zu gelangen. Ein fundamentales Ziel, mit dem sich jeder Mensch auseinandersetzen muss.

Die Selbstliebe.
Wie ich es gerne nenne, der gesunde und positive Narzissmus.

Die ersten Schritte Richtung Selbstliebe sind folgende:

1.Erkennen was war
2.Akzeptieren, was auch immer passiert sein mag
3.Vergeben

Du musst dir die Liebe, die du verdienst, selbst zugestehen. Denn so wie du bist, bist du genau richtig. Nimm den Fokus von all den anderen und konzentriere dich auf dich selbst.
Lass alle Niederlagen und auch Erfolge hinter dir. Selbstliebe ist etwas viel komplexeres als die Ernte unserer Saaten.

Selbstliebe beginnt mir *dir* als Person. Mit deiner Seele. Nicht mit dem, was du schon erreicht oder verloren hast. Nicht mit dem, woran du gescheitert oder gewachsen bist. Selbstliebe reduziert sich auf deine Persönlichkeit, auf dein Wesen.

Hier ist es nicht von Bedeutung, ob du berühmt bist oder nicht, ob du reich bist oder nicht, ob du viele Freunde hast oder nicht. Ganz gleich welche Stellung auch immer du in dieser Welt einnimmst, Selbstliebe ist eine Sache zwischen Dir und Dir.

Äußere Einflüsse sind hierbei völlig irrelevant. Der eigentliche Ort des Geschehens, findet in deinem Wesen statt.
Fange an, dir die Erlaubnis zu geben, dich selbst zu akzeptieren. Fange an, dich so anzunehmen, wie du bist. Versuche nicht, dich auf Biegen und Brechen verändern zu wollen. Gestehe dir zu, dass du manchmal scheiterst. Gestehe dir zu, dass du manchmal gewinnst. Lasse dich auch mal Hinfallen und Liegen bleiben, um dann, wenn du neue Kraft gewonnen hast, wieder aufzustehen und von vorne zu beginnen. Übergehe dich nicht selbst, nur weil andere dies oder jenes von dir erwarten, sondern schreite in deinem Tempo voran.

Ich lehne mich sogar so weit aus dem Fenster, die Liebe zu sich Selbst als eine Lebenseinstellung zu bezeichnen. Die Lebenseinstellung, dass man mit sich im Reinen durch die Welt gehen kann. Wenn man mit sich selbst im Reinen ist, lebt es sich um so vieles leichter, mit so viel mehr Qualität.

Man geht sicherer, standhafter und stärker durchs Leben. Ist dir das schon mal aufgefallen? Wenn du richtig zufrieden und glücklich bist, dann zieht das die

Menschen fast magisch an. Sie spüren, dass du etwas ausstrahlst, was heutzutage eine Rarität ist. Sie spüren, dass es dir gut geht. Sie spüren, dass du stark bist. Sie spüren, dass du in Balance mit dir selbst bist.

Auch du verdienst diese Liebe, die du anderen schenken kannst. Auch du verdienst diese Liebe, die du in die Welt tragen kannst. Auch du verdienst diese Liebe, die sich in all deinen guten Taten widerspiegelt.

Bitte liebe dich selbst.

Bitte achte auf dich. Bitte achte auf deinen Körper. Bitte achte auf deine Gesundheit. Bitte achte auf deine Seele. Bitte gib dir selbst auch jenen Stellenwert, den du dem wichtigsten Mensch in deinem Leben gewährst.

Bitte vertraue dir selbst. Bitte lasse alle deine Gefühle zu. Bitte akzeptiere alle deine Gefühle. Bitte sei stolz auf dich. Bitte gehe in deinem Tempo durchs Leben. Bitte lasse dich nicht durch andere verunsichern, hetzen oder verbiegen. Bitte höre darauf, was dein Herz dir sagt. Bitte sei mutig und zeige dich. Bitte sei gut zu dir selbst. Bitte sei ehrlich zu dir selbst. Bitte sei nicht so hart zu dir selbst. Bitte lerne aus deinen Fehlern. Bitte wachse mit deinen Erfahrungen. Bitte vergib dir deine Sünden. Bitte lasse deine Schuld hinter dir. Bitte erkenne deine wahre Größe. Bitte werde dir deines wahren Wertes bewusst. Bitte verstehe die Bedeutsamkeit der Eigenliebe. Denn, vergiss nicht, Du musst es mit dir Dir noch ein Leben lang aushalten! Heirate dich selbst. Sage Ja zu dir selbst. Versprich dir, in guten, wie in schlechten Zeiten, bei dir zu stehen. Versprich dir, dich immer zu lieben, egal was auch kommt. Versprich dir, in Krankheit und Leid, Freude und Geborgenheit für dich da zu sein. Versprich dir selbst bedingungslose Liebe und heirate dich selbst.

Rettung in Sicht! Manchmal muss man einfach die Initiative ergreifen und sich selbst retten.
Die Wahrheit ist, niemand kann dich erlösen und genauso wenig kannst du jemand anderen erlösen. Das funktioniert einfach nicht.
Niemand kann den Weg der Rettung für dich gehen. Niemand kann dich erlösen, weil er nicht an deiner Stelle steht. Niemand geht den ersten Schritt für dich. Niemand befreit dich von deinen Ängsten. Niemand nimmt dir Unsicherheit, wenn du erstarrst. Niemand leidet für dich, wenn dein Herz bricht. Niemand erlöst dich von deinem Perfektionismus. Niemand kann dir die Antwort auf die Frage geben, die du dir selbst stellst. Niemand bewahrt dich vor dem Scheitern.

Die einzige wirksame Methode sich das Leben zu retten, liegt bei einem selbst: Man muss sein eigener Anker werden. Sich selbst zu retten ist wohl eine der schwierigsten Aufgaben, die uns das liebe Leben auferlegt, aber ganz bestimmt nicht grundlos.

Niemand wird dich retten, wenn du es nicht selbst tust. Die Anderen sind nämlich viel zu sehr damit beschäftigt, sich selbst in Sicherheit zu wissen. Erinnere dich kurz an die Ansage im Flugzeug, kurz vor dem Abflug: *„Nachdem Sie Ihre eigene Maske aufgesetzt haben, können Sie Anderen helfen."* Du musst dein eigener Held sein.

Wenn man kurz vor dem Ertrinken steht und seinen absoluten Tiefpunkt erreicht hat, ist das meist der Moment der Einsicht.
Erst dann, wenn wirklich gar nichts mehr geht, wird einem klar, dass nur man selbst sich erlösen kann. Hier gilt: die Umstände, deren Änderung es bedarf, zu   identifizieren und die schlimmen Situationen, die mit dem unguten Gefühlen einhergehen, zu erkennen.
Um diesen Situationen dann auch zu entkommen, erfordert es Willenskraft und Entschlossenheit.
Das aber ist der erste Schritt einer bedeutenden Transformation, die du nicht verpassen solltest.

Eigentlich ist dir ja schon längst bewusst, wie dieser erste Schritt auszusehen hat. Vertraue deiner Intuition. Sie ist dein sicherster und verlässlichster innere Kompass, der nur dein Bestes im Sinn hat. Traue dich und beginne zu Gehen.

Also, frage ich dich, was hält dich vom ersten Schritt ab? Geh langsam, in deinem Tempo, aber gehe Richtung Frieden.

„Rette dich aus Situationen, in denen du dich unverstanden fühlst.
Rette dich aus Situationen, in denen du dich traurig fühlst.
Rette dich aus einer Beziehung, die dich zerstört.
Rette dich aus deinem selbst errichteten Käfig.
Rette dich vor Menschen, die dir nichts Gutes wollen. Rette dich vor Menschen, die dich ausnützen.
Rette dich davor, dich selbst zu vergessen.
Rette dich vor vergeudeter Zeit, die nie wieder zurück kommen wird.
Rette die Welt.
Indem du selbst die Veränderung bist, die du in ihr sehen möchtest.
Indem du deine Träume verwirklichst.
Indem du deinen Weg gehst.
Indem du das Licht aus deinem Inneren aus dir scheinen lässt.
Rette dich selbst, bevor du anderen deine helfende Hand anbietest.
Vergiss nicht, dass, wenn du sie rettest, du selbst dabei umkommen kannst."

Meines oder ihres?

Kommt das wirklich von mir? Oder habe es zu meinem gemacht? Habe ich es so oft gehört und gesagt   bekommen, dass ich es jetzt selbst glaube?
Manchmal ist man sich gar nicht mehr sicher, ob der Glaubenssatz, den man zur Zeit verfolgt, wirklich jener ist, der aus der Tiefe seines eigenen Herzens entsprungen ist. Durch die ganzen Eindrücke, die tagtäglich auf uns einprasseln und sich wie ein Schleier über unsere Augen legen, finden wir uns oft in einer Situation wieder, in der wir gar nicht mehr von *unserem* und *ihrem* unterscheiden können.

Was ist denn jetzt von mir und was habe ich nur aufgenommen und zu meinem Eigen gemacht? Sind das meine Wertvorstellungen oder sind es jene, die man mir in den Kopf gesetzt hat? Entspricht das, was ich tue, eigentlich dem, was ich tuen möchte oder tue ich es nur, um perfekt ins Bild zu passen? Um den Erwartungen, die andere an mich haben, gerecht zu werden?
Um ja nicht aus dem Rahmen zu fallen und um problemlos ins Schema der Gesellschaft zu passen?Denn, wie wir bereits wissen, wer anders ist, macht meist Probleme. Wer anders denkt, trifft unmittelbar auf Gegner. Der, der etwas anders

macht und so Aufmerksamkeit erregt, hat in den meisten Fällen mit Widerstand zu kämpfen.
Wieso?

Die Menschen sind blind im ihrem Streben nach Normalität und leben, ohne selbst darüber nachzudenken, einfach so dahin, um zu funktionieren und sich so leider blind dem Klischee zu unterwerfen.

Aber ist das wirklich der richtige Ansatz?
Dadurch verlierst du nicht nur an Lebenskraft, sondern irgendwann verlierst du dich dabei auch selbst.
Es mag zwar verlockend sein, einfach so zu handeln, wie es von einem erwartet wird, da es einfach keine   Eigeninitiative erfordert und so simpel scheint, aber was genau haben wir davon?
Dann bist du nur ein weiterer Baustein in dem System, von dem du dich eigentlich verabschieden möchtest. Seelenlos.
Dir wird von der Schar, die sich Menschheit nennt, eine Maske übergestülpt, die dich nicht nur an deiner Selbstverwirklichung hindert, sondern dir auch die Fähigkeit selbstständig zu Denken, abspricht.
Mit der Unterwerfung verschwindet die Demut vor dem Leben, deinem Leben.

"Die Großen hören erst auf zu herrschen, wenn die Kleinen aufhören zu kriechen." Friedrich Schiller

Du darfst Du sein. Du darfst deine eigenen Wertvorstellungen haben und diese auch ausleben. Du darfst nach deinem besten Wissen, Tun und Handeln. Du darfst anders sein, als man es dir vorschreibt. Du kannst und musst deine Ziele verfolgen, denn was bringt es dir jene Ziele oder Wunschvorstellungen zu erreichen, die gar nicht deinen eigenen entsprechen?
Du wirst provozieren und die Leute werden reden. Ganz einfach aus dem Grund, weil sie Angst haben. Sie haben Angst davor, das zu tun, was du tust. Sie wären gerne an deiner Stelle und würden sich auch gerne selbst verwirklichen, aber sie trauen sich nicht. Also tuen sie das, was alle tun, die sich angegriffen fühlen: sie reagieren mit Wut und Ärger. Sie wagen nicht das, was du wagst. Das Risiko auf Unverständnis ist gegeben, denn wie sich oft bewährt hat, reagieren die Menschen so auf Anormales.

Alleine das Wort *normal* gehört in meinen Augen verboten. Wer nimmt sich das Recht, die Definition von *normal*, und die damit verbundene Richtigkeit, überhaupt zu definieren?
Wer wagt es, uns so eine Bürde aufzuerlegen, die uns das Ausbrechen aus diesem System so

nahezu unmöglich macht?

Nur die Mutigsten entscheiden sich für die Flucht, ihren eigenen und somit einen anderen Weg.

Der Rest bleibt im System, hinter den Regeln, hinter den Klischees, hinter dem Raster und sieht zu, wie die Mutigen ihre Freiheit zu Denken und zu Sein genießen.

Wut regiert ihre Welt. Wenn du dich entscheidest, anders zu sein, *Freiheit* die Deinige.

Aus dem goldenen Käfig der Gesellschaft auszubrechen ist nötig, wenn du fliegen möchtest. Wenn dir das nicht wichtig ist, dann bleibe in deinem Käfig.

Um das Fliegen zu erlernen benötigt es viel Übung und Leichtfertigkeit. Aber vergiss nicht, du darfst und kannst und musst dir selbst treu sein. Nicht der Gesellschaft. Denn in Wahrheit tut sie uns mehr Schlecht als Recht. Die ganzen auferlegten Wahrheiten und Glaubenssätze, an die wir Tag für Tag erinnert werden, lassen uns oft ins Stocken geraten. Das Streben nach ihrer vorgeschriebenen Perfektion, lässt uns innerlich immer mehr zu Grunde gehen. Das Erreichen des "Nirvana der Öffentlichkeit" scheint schier unmöglich. Zweifel und Traurigkeit kommen auf.

Wenn du dir aber eingestehst, dass du *Du* sein darfst, hast du dich mit diesen Problemen nicht auseinanderzusetzen. Mit einem Schlag wird dir klar, dass es für dich nicht mehr wichtig ist, was sie sagen.   Es wird unwichtig, was sie erwarten. Es macht dir nichts aus, dass sie hinter deinem Rücken reden. Denn du bist dir selbst treu. Und sind wir doch ehrlich, was ist schöner als sich selbst wirklich treu zu sein?

Du bist anders und das ist besser als gut.

Befreit werden, um deiner Selbst willen, Erlöse dich aus deinen dir selbst auferlegten Grenzen und durchbrich das Glashaus aus Irrbildern.
Flieh aus deinem mentalen Käfig, der dich einsperrt und zurückhält. Verlasse deine Komfortzone und geh hinaus, breite deine Flügel aus und flieg, wohin es dich auch trägt. Natürlich geht es nicht ad hoc immer nur steil   empor, doch selbst von starken Winden, die dir in Form von Niederschlägen begegnen werden, darfst du dich nicht aus der Bahn bringen lassen. Selbst nach der vierten, fünften oder sechsten Bruchlandung, darfst du nicht aufhören, weiter zu fliegen. Denn eines Tages, wenn du wieder einmal versuchst zu fliegen, wirst du fliegen. Weit in die Welt hinaus, vom Wind des Lebens getragen, durch Berge und Täler, sprich Höhen und Tiefen. Du wirst die Aussicht genießen, zurückblicken und nichts als

Bewunderung empfinden, wie du deinen Weg gemeistert hast.

Und jetzt verinnerliche dieses Bild. Du, vogelfrei durch die Weiten des Lebens gleitend, getragen von den Winden des Lebens.

Das ist Zufriedenheit.

Spürst du es? Die Vorfreude, die urplötzlich aufkommt und dich packt, wie ein fesselndes Buch, das man einfach nicht aus der Hand legen möchte. Das Funkeln in deinen Augen, dass die Sehnsucht nach diesem Gefühl in dir widerspiegelt. Die Motivation, die dich aufspringen lässt und dich mit Unruhe und Tatendrang erfüllt. Denn das ist es, was deine Seele braucht. Du musst deine Seele nähren, sie hungert nach dem positiven Sein, dass sich Genuss nennt. Kurz gesagt Leben. Richtiges Leben, wo du sein kannst wie du bist, dein Herz öffnen kannst und in einen ewig anhaltenden Austausch mit der Welt gehen kannst. Denn das bedeutet Leben. Wenn ich in ständiger Kommunikation mit meinem Umfeld sein kann, ohne Angst haben zu müssen, selbst verletzt zu werden, nicht genug zu bekommen, nicht das Richtige zu bekommen.

In dem Moment, in dem du dein Herz aufmachst und aus deinem Käfig kommst, um andere herein zu lassen, wird sich dir der richtige Weg auftun. Denn das Herz ist der Kern unseres Seins. Es ist nichts als die pure Essenz der Wahrheit. Was du dafür tun musst? Vergiss, was richtig und falsch ist. Vergiss, was gut oder schlecht ist. Vergiss, was wichtig oder nicht ist. Höre auf das, was es in dir sagt und sei mutig, dich auch mal gegen etwas zu stellen, wenn du dich dabei für dich stark machst und dir selbst treu bist.

Darf ich eigentlich Nein sagen?

Ja. Du sagst ja, obwohl du eigentlich nein meinst.
Du sagst okay, obwohl es eigentlich alles andere
als okay ist. Du sagst kein Problem, obwohl es
eigentlich schon ein Problem ist.
Du sagst vergiss es, obwohl du es nicht
vergessen hast.
Du willst es immer allen Recht machen.
Du schaust immer, dass es allen gut geht. Du
machst und tust und hetzt und lässt dich zur
Gänze von den Bedürfnissen anderer
vereinnahmen.
Du stellst sie über dich.
Du übergehst dich, weil du den Fokus auf deine
Mitmenschen gelegt hast. Vergisst du dabei nicht
etwas? Vergisst du dabei nicht jemanden?
Vielleicht *dich* selbst?

Nein zu sagen hat absolut nichts Verwerfliches an
sich. Du bist deshalb kein schlechter oder
gemeiner Mensch. Selbst wenn dein Fragesteller
dich für einen schlechten Menschen halten
sollte- bist du dann wirklich ein schlechter
Mensch? Du machst dich nicht weniger
liebenswert, weniger wertvoll oder gar zu einem
Unmenschen, wenn du nicht zu allem Ja und
Amen sagst. Aus Angst jemanden zu enttäuschen
sagst du dennoch Ja. Genauso, wie du es brav

gelernt hast, erwartet man das von dir. Sätze wie: "Es gehört sich einfach nicht, dies oder jenes abzulehnen oder auszuschlagen" verirren sich in in deine Gedanken. Stopp! Vergiss diesen falschen Glaubenssatz bitte sofort wieder und versuche diesen gänzlich aus deinen Gedanken zu verbannen. Er ist einfach nicht richtig.

Einer Bitte oder einer Aufforderung zu widersprechen, trägt meistens den bitteren Beigeschmack der Faulheit oder der potenziellen Enttäuschung mit sich. Wieso? Ich finde, dass daran absolut nichts Verwerfliches ist. Wieso solltest du deine kostbare Zeit verschwenden? Bitte verstehe das nicht falsch, man kann das natürlich nicht auf alle Dinge ummünzen, die einem gerade nicht gelegen kommen. Gewisse Sachen müssen einfach erledigt werden, ob es einem passt oder nicht. Steuern zahlen zum Beispiel. Die Wohnung aufräumen oder sich einfach einer zwingenden Konversation stellen.

Ich denke, du bist klug genug zu wissen, wann du es dir erlauben kannst, Nein zu sagen und wann es aufgrund gewisser Umstände auch einmal nicht möglich ist. Um auf das eigentliche Thema zurückzukommen:

Kennst du das? Wenn dann plötzlich Säte kommen wie: "Ja, das dauert doch eh nur 10 Minuten.." Ja, schön und gut, aber diese 10 Minuten summieren sich hier und da und kaum hast du dich versehen, hast du schon unzählige Stunden, Tage, Monate, womöglich sogar Jahre deiner kostbaren Zeit geopfert, nur weil du Ja gesagt hast. Ja, obwohl sich alles in dir gesträubt hat. Einfach Nein zu Ihnen und ganz laut Ja zu Dir!

Manchmal musst du einfach einen Punkt setzen, weil der Satz sonst einfach zu lange ist. Sprich, einfach Nein sagen. Nein ist ein vollständiger Satz. Hier bedarf es keinerlei Erklärung oder Rechtfertigung. Es ist dein gutes Recht, wenn sich alles in dir sträubt oder du keine Lust hast, deinem Gegenüber laut und deutlich mitzuteilen, dass du das nicht willst. Dass du das jetzt nicht machen kannst. Dass du das nicht so siehst. Dass das nicht in Ordnung ist. Wenn du merkst, dass dir etwas gegen den Strich geht, dann vertraue deinem Instinkt und sage, was du denkst. Zum Teufel mit dem Klischee der Unhöflichkeit.

Es ist weder unhöflich, noch unangemessen seine Wahrheit zu sagen und seine eigenen Meinung/ sein Empfinden, Kund zu tun.

Ein Nein zu etwas Anderem, ist immer gleichzeitig auch ein Ja zu dir selbst! Fühle dich deshalb also niemals schlecht, wenn du dich selbst dabei erwischt, gegen etwas oder jemanden, aber *für dich,* einzustehen.

Es geht nicht darum, immer und zu allem prinzipiell Nein zu sagen.Vielmehr geht es darum, deinen Bedürfnissen und Wünschen genau so viel Wichtigkeit beizumessen, wie du es bei Anderen tust. Abzuwägen: Was ist wichtig für mein Wohlbefinden und wie wichtig ist es für mich, Anderen zu helfen, auch wenn ich dabei zurückstecken muss? Was ist mein Motiv dahinter? Geht es mir darum, dem Anderen eine Freude zu machen, oder fühle ich mich verpflichtet Ja zu sagen?

Wie also, lerne ich Nein zu sagen, wenn es mir passt und dabei aber niemanden persönlich anzugreifen, zu verletzen oder zu enttäuschen? Die schlechte Nachricht lautet: Das liegt nicht in deiner Hand. Manche Menschen geben sich blind, wenn man ihnen etwas abschlägt und verhalten sich wie ein kleines trotziges Kind, wenn es seinen Wunsch nicht durchsetzen kann.

Du kannst die Gefühle anderer nicht beeinflussen, du bist nicht dafür verantwortlich, wie dein Gegenüber das aufnimmt, was du zu sagen hast.

Aber hier kommt die gute Nachricht: Du bist ja bekanntlich Herr deine eigenen Gefühle.
Sprich, wenn du an deinem Selbstbewusstsein arbeitest und dieses stärkst, dann ist es dir nicht mehr wichtig, wie man dein Nein aufnimmt.
Es interessiert dich einfach nicht mehr, weil du selbst ehrlich warst und aus deinem Herzen heraus eine Entscheidung getroffen hast, die du, zum etwaigen Entsetzen des Anderen, guter Maßen vertreten kannst.
Wenn dein Selbstbewusstsein gering ist, fällt es dir sehr viel schwerer jemandem etwas Abzuschlagen. Denn wenn man gering von sich selbst denkt, ist man in gewissem Maße von der Anerkennung und Meinung anderer abhängig.
Es ist sozusagen dein Sprit, der dich antreibt, etwas überhaupt erst zu tun. Wenn du gelobt wirst, fühlst du dich gut. Wenn man dir sagt, dass du etwas toll gemacht hast, strahlst du von einem Ohr zum Anderen.

Die Geschichte mit dem Selbstbewusstsein. Ein ganz großes, wenn nicht sogar eines der größten Themen, denen du immer wieder, (ja, zugegebener Weise auch in diesem Buch) begegnen wirst.

Umso mehr du deinen Selbstwert stärkst, umso leichter fällt es dir, Nein zu sagen. Denn wer sich so liebt, wie er ist, dem ist die Meinung anderer nicht wichtig, sein Eigenlob ist ihm Antrieb genug. Er ist nicht von der Anerkennung anderer abhängig oder gar darauf angewiesen.

Je mehr du dich also annimmst, umso weniger Angst vor Ablehnung wirst du erfahren.

Das wiederum führt dazu, dass dir auch das Nein sagen leichter fällt. Wieso?

Weil es dir einfach egal ist, ob deine Antwort gut oder schlecht ankommt. Logisch, oder?

Dein inneres Kind

Glänzende Augen. So klein und voller Tatendrang.
Wir waren Kinder. Wussten nichts. Wir waren
Kinder. Hofften alles. Wir waren Kinder. Konnten
uns alles vorstellen. Wir waren Kinder.
Doch eines Tages, passierte etwas. Irgendetwas
passierte, dass uns dieses Kind Sein raubte und
uns zwang, Erwachsen zu werden.
Wir waren Kinder. Wussten nichts. Hofften alles.
Doch an diesem einen Tag, wurde uns ein Teil
genommen und alles was uns blieb, war die
bittersüße Erinnerung an diese unbeschwerte Zeit.
Unser kindliches Herz zerbrach. Unsere naive
Gutgläubigkeit, unsere Träume an das
Unmögliche, unsere Vorstellung an eine grenzen-
lose Welt, unser blindes Vertrauen in das Gute,
war dahin. Einfach so.
Wo ist dieses Kind heute? War es das wert?
War es das wirklich wert, dieses Kind
zurückzulassen? War es das wert? Nur um
Erwachsen zu sein. Nur um dem gerecht zu
werden, was man von uns erwartete. Denn wir
sollten erwachsen werden, sagten sie.

Die Wahrheit ist, dass du dieses Kind immer noch
in dir trägst. Du hast es nur vergessen. Hast nur
vergessen es abzuholen, aber es steht noch
immer an der Ampel und wartet.

An jener Ampel, die dich zwang, ganz plötzlich Erwachsen zu sein. Jene Ampel, die sofort rot aufleuchtet, sobald du versuchst, die Straße zu überqueren, die dich in deine Kindheit zurückführt. Vielleicht muss man von Zeit zu Zeit auch einmal rote Ampeln passieren und sich den ungeschriebenen Gesetzen widersetzen, weil sie schlicht und einfach von Menschen erlassen wurden, die es nicht besser wussten.
Aber, sowie die Zeit voranschreitet, hätten sich auch die Gesetze anpassen müssen. Aber das taten sie oft nicht. Deshalb liegt es heute bei dir, dass du manchmal die roten Ampeln passierst, auch wenn ein großes VERBOTEN Schild davor steht.

Sie sagten, du sollst erwachsen werden. Das bist du. Du bist erwachsen geworden.
Aber bedeutet das auch, dass du nie wieder Kind sein darfst? Wer sagt das?
Wieso kannst du nicht beides sein?

Denn dieses Kind, dass du damals einfach vergessen hast, ist immer noch da. Es wartet vergebens an der roten Kreuzung.
An jener Kreuzung, an der deine Vergangenheit und deine Zukunft aufeinandertreffen.
In der Gegenwart.

Nimm dir ein Herz und hole dieses Kind ab. Es wird dir nicht böse sein, dass du es vergessen hast. Du weißt, Kinder sind nicht nachtragend. Hole es ab und lass es wieder Teil deines Lebens sein. Deine dir selbst auferlegten Grenzen, werden dir immer absurder vorkommen, denn, Kinder können träumen. Kinder können glauben. Und Kinder können verzeihen. Kinder sind die unbeschriebenen Geschöpfe der Menschheit. Sie sind ehrlich, sie sind echt. Sie sind mutig, denn sie kennen (noch) keine Angst.

In vielen Fällen ist es das innere Kind, dass es gesund zu pflegen gilt und dem Aufmerksamkeit gebührt. Oft liegt der Missbrauch dieses kleinen Geschöpfes so lange und weit zurück, dass man sich gar nicht daran erinnern kann. Und trotzdem, bist du jetzt unsicher. Trotzdem fühlst du dich jetzt nicht gut genug. Woher rührt das? Diese Gefühle sind auf das verletzte innere Kind in dir zurückzuführen. Einst, in jungen Jahren, vielleicht sogar nebst jeder Erinnerung, ist etwas passiert, dass dein inneres Kind so erschreckt hat, dass du selbst Heute noch mit den damals entwickelten Ängsten, zu kämpfen hast.

Es kann gut sein, dass du unter Umständen auch keinerlei Bezug zu der emotionalen Ebene deiner Kindheit hast und dennoch haben dich deren Folgen ein Leben lang begleitet.

Unsichtbar und doch so allgegenwärtig. Was musst du also tun? Wie kannst du dieses Kind, dass damals solch Ablehnung erfahren hat, dazu bringen, dass es sich geliebt und akzeptiert fühlt? Um zu heilen, musst du das Kind wieder zu dir holen und es Teil von dir sein lassen, damit du *ganz* werden kannst. Hole es ab, denn es wartet immer noch an der roten Ampel. Es wartet darauf, von dir an die Hand genommen zu werden, und sicher über die Straße geführt zu werden. Aus deiner Vergangenheit, in deine Gegenwart und weiter in die Zukunft.

Ich möchte dir eine Geschichte erzählen.

Es war einmal ein kleines Mädchen, dass von der großen, weiten Welt träumte. Sie liebte es, sich Dinge vorzustellen, sich Sachen auszumalen und fernab der Realität, in ihrer wunderbaren kleinen Welt zu leben. In der ihr auserwählten Welt, schien alles ihre Ordnung zu haben. Alles war so, wie sie es gerne haben wollte. Sie war glücklich, ja fast schon selig. Die Welt war voller glitzernder Farben und wunderschöner Dinge, die nur der Utopie eines kleinen Mädchens entspringen könnten.

In ihrer kleinen Welt war sie die Prinzessin. Alles drehte sich, nichts stand je still. Diese wunderbare Welt war ihr liebster Zufluchtsort, von dem sie aber niemandem erzählte. Wie ihren kostbarsten Schatz hütete sie diesen Traum, aus Angst, dass ihn jemand nehmen könnte. Und das wollte sie nicht. Auf keinen Fall wollte sie diesen Traum aufgeben. Auch wenn sie schon groß war, schwor sie sich, dass dieser Ort ihr immer Zuflucht schenken sollte. Dieser Ort würde sie niemals verleumden oder verachten, bevormunden oder belächeln. Es war wie eine Heimat. Eine eigens erschaffene Obhut, frei von Hass und Neid, Gier oder Hohn.

Und so blieb sie ihrem Versprechen treu und hielt daran fest. Fest an ihrem Utopia.

Wo Vögel sich im Licht der Sonne auflösten und der Himmel mit der Erde verschmolz.
Wo Finsternis keine Dunkelheit bedeutete und Hoffnung als Treibstoff galt. Und das kleine Mädchen hielt fest. Sie hielt daran so fest, als ob ihr Leben davon abhinge. Auch wenn sie sich damals nicht darüber bewusst war, in gewisser Weise tat es das auch.

Doch der Tag, an dem sich alles ändern sollte, rückte immer näher und just war es vorbei.
Vorbei mit der kleinen Welt. Vorbei mit dem Traum, der ihrem kleinen Herz entsprang. "Du bist jetzt schon groß, hör' auf zu träumen, du musst jetzt erwachsen sein". Diese Worte veränderten alles. Diese Worte sollten die Bahnen für ihr späteres Leben legen, sie wusste es nur noch nicht. Ihr Glaube wurde in Frage gestellt. Das erste mal in ihrem bisherigen Leben wurde das, was sie glaubte, ins Licht der Fragwürdigkeit gerückt. So begann sie schließlich zu zweifeln. Sie fragte sich, ob ihre Glaubenssätze, wohl richtig waren. Sie wunderte sich, ob vielleicht sie selbst nicht richtig war. Und so war der Grundstein gelegt.
Der Grundstein der inneren Finsternis, wo Angst ungehemmt spriessen konnte und sich Sonnenlicht selten verirrte. So wuchs sie heran und mit ihr auch die Mauern der Isolation.
Sie   wurden immer massiver und unbezwingbarer

mit jedem der Jahre, dass der Zeit erlag. Innerlich verkam sie   immer mehr, doch sie wusste nicht wieso. Sie wusste nicht warum.

Ihre Glaubenssätze wurden einst in Frage gestellt, und dieses Gefühl begleitete sie seit diesem Tag. Die Geschichte des kleinen Mädchens, dass vermutlich an einem erfrorenen Herzen gestorben wäre, wenn es nicht das Wunder entdeckt hätte. Das Wunder des Lichts. Die Genialität des Universums. Die heilende Kraft der Liebe. Der unterstützende Stab der Hoffnung und den Glauben, den Glauben, der sie letztendlich rettete. Er rettete sie vor sich selbst. Er rettete sie vor der arktischen Kälte, die in ihrem Inneren herrschte. Der Glaube und die Erkenntnis, dass sie, sie als Mensch genug war. Immer schon. Damals, so wie heute. Sie erkannte, dass die Glaubenssätze, die sie sich angeeignet hatte, sie selbst übergangen hatten und gar nicht aus der Tiefe ihres Herzens rührten. Sie begann, Verantwortung zu übernehmen. Verantwortung, für jede Entscheidung, jede Tat. Sie sah sich nicht länger als Opfer der, ach so gemeinen Welt, sondern erkannte, dass die Glaubenssätze, die sie in sich trug, es waren, die sie limitierten. Und sie verwarf sie und beschloss, sich neue Glaubenssätze zu kreieren, die zu ihr passten, die aus der tiefe ihres Herzens kamen.

Familie

Im Grunde war alles was deine Eltern oder Erzieher je für dich wollten, dass du glücklich bist. Nach ihrem besten Wissen haben sie versucht, dir den besten Weg in dein eigenes Leben zu ebnen. Sie haben alles gegeben, um dich, ihr Kind, sicher ins Leben zu geleiten.

Sie haben immer nur das Beste für dich gewollt. Die Liebe von Eltern zu ihrem Kind, kennt keine Grenzen. Sie ist zeitlos. All ihre Taten und Worte basieren auf der Liebe, der Sorge, der Angst, dem Stolz, für, um und auf dich.Und wenn du denkst, dass du nichts wert bist,   erinnere dich daran, dass du ihnen das wohl Wertvollste und Liebste auf dieser Erde bist.

"Nimm einer Mutter ihr Kind und du siehst sie tausend Tode leiden und sterben."

Wirf ihnen nichts vor. Das wäre nicht richtig. Hege keine Groll gegen sie. Das wäre unfair. Vergib ihnen ihre Fehler. Halte dir immer wieder vor Augen, dass alles, was sie getan haben, einzig und alleine aus ihren besten Absichten heraus passiert ist. Auch wenn sie nicht immer alles richtig gemacht haben.

Auch wenn du manchmal auf Unverständnis gestoßen bist, weißt du doch, dass niemand dich mehr liebt. Die Liebe keines anderen Menschen auf der Welt ist größer als die, deiner Eltern.
Deine Eltern waren und werden immer da sein.
Ganz gleich ob im Heute oder über uns wachend, sie werden immer da sein. Sie sollten immer einen Platz in deinem Herzen einnehmen, das haben sie verdient.

Sie haben dich gesehen, als dein Spiegelbild nur dunkle Umrisse zurückwarf. Sie haben dich gesehen, als du gerade nicht wusstest, wer du eigentlich warst, bist oder sein möchtest.
Jede Träne hinter deiner blinden Wut.
Deine Traurigkeit hinter einem maskierten Lächeln.
Deinen Stolz in deiner Bescheidenheit.
Deine Angst in deinen Lügen.
Deine Sorge in deiner Not.
Deine Ratlosigkeit in einem Machtkampf.
Deine Leere in deinen Augen.
Dein Verzweifeln in einem Sieg.
Deine Panik in einer Krise.
Deine Begeisterung in deinem Streben.
Den Wachstum in deinem Stillstand.

Familie ist Blut. Familie bleibt für immer. Egal was du machst, egal wohin du gehst, egal wer du bist. Familie bleibt Familie. Sie ist ein Ort der absoluten, puren und bedingungslosen Liebe. Es sind die Menschen, die nur dein Bestes wollen.

Es sind die Menschen, die sich an deinem Glück genauso, wenn nicht sogar noch mehr, erfreuen. Es sind die Menschen, die Dich über sich selbst stellen. Es sind die Menschen, die dir ohne Erwartungen beistehen, die dir ohne zu Zögern beide Hände reichen. Es sind die Menschen, denen du blind vertrauen kannst, die sich im Krieg wortlos vor dich stellen und die Kugel abfangen. Es sind die Menschen, die jeden Kampf, wenn sie es könnten, ohne ein Wort, für dich kämpfen würden. Es sind die Menschen, die dir dein Leid einfach so abnehmen würden, nur damit es dir gut geht, und es ohne Wenn und Aber zu ihrem eigenen Ballast machen würden. Es sind die Menschen, die dich fangen, wenn du fällst. Es sind die Menschen, die sich neben dich stellen und dir "Gib nicht auf" ins Ohr flüstern.

Es sind die Menschen, die du vielleicht nicht täglich siehst, die aber trotzdem immer da sind. Es sind die Menschen, die dir vergeben, obwohl du zu stolz bist, um dich zu entschuldigen. Es sind die Menschen, die dich verstehen, auch wenn du es nicht erklären kannst. Es sind die Menschen, die dich besser kennen als du dich selbst. Es sind die Menschen, von denen du lernst, zu denen du aufblickst. Es sind die Menschen, die dir die Wahrheit ins Gesicht sagen, auch wenn du sie nicht hören willst. Es sind die Menschen, die dich nicht aufgeben, auch wenn du sie zum hundertsten Mal von dir stößt. Es sind die Menschen, bei denen du Du selbst sein kannst. Es sind die Menschen, die dich nicht verurteilen. Es sind die Menschen, die ihre Taten nicht an Bedingungen knüpfen, sondern die Sprache des Herzens sprechen. Es sind die Menschen, die dir ihr Herz offen darlegen und so ihre Verletzlichkeit riskieren, nur um dir so nahe wie möglich zu sein. Es sind die Menschen, die für dich sprechen, wenn du keine Worte findest. Es sind die Menschen, die an dich glauben, wenn du in Hoffnungslosigkeit zu ertrinken drohst. Es sind die Menschen, an die du jetzt gedacht hast, als du das gelesen hast.

Herzensmenschen. Die, denen du einen Platz in deinem Herzen gewährst. Die, die sich einen Platz darin verdient haben. Die, die du nicht leiden sehen kannst. Die, denen du Vertrauen schenkst. Die, die sich deinen Respekt erarbeitet haben. Die, die dich berühren können. Die, die dich verletzen können. Die, die mit dir sind.

Freunde, Familie, wie auch immer du sie nennen magst. Sie sind dir wichtig. So wichtig, dass du dich ihnen zeigen kannst, so wie du bist.

Nimm dir jetzt einen kurzen Moment Zeit und fühle die Dankbarkeit, die dich überkommt, wenn du an all diese Menschen denkst. Lass sie dich erfüllen und dich vom Glück leiten, die dir diese Herzensmenschen in dein Leben bringen. Fühle mit deinem ganzen Herzen, wie verbunden du ihnen bist, wie sehr sie dein Leben bereichern, wie froh du dich schätzen kannst, wie wundervoll es nicht ist, welch eine Freude sie dir bereiten, wie sehr sie dich unterstützen, wie schön es ist, verstanden zu werden, wie wunderbar es ist, aufgefangen zu werden. Wenn du es vielleicht nicht oft genug sagst, dann sage es diesen Menschen jetzt. Rufe sie an, schreibe ihnen eine SMS, zeige es ihnen anhand einer kleinen Geste. Was auch immer sich richtig anfühlt, lass sie wissen, dass du von Dank erfüllt bist, sie in deinem Leben zu haben.

Wir sagen es eigentlich viel zu selten. *Danke*. *Danke*, dass es dich gibt. *Danke,* dass du da bist. *Danke*, für alles. Ein kleines Wort mit einer großen Bedeutung. Eine kleine Geste mit einer großen Wirkung.

Wir alle sind Mitreisende im Zug des Lebens. Manche begleiten uns eine Zeit, andere steigen zu und auch wieder aus. Manche bemerken wir kaum, andere nehmen unsere volle Aufmerksamkeit in Anspruch. Am Ende des Tages erhofft man sich doch, dass man die Zugfahrt mit einem geliebten Menschen teilen darf. Dass sein rechter rechter Platz nicht mehr leer, sondern besetzt ist. Also, dein rechter, rechter Platz ist frei, nun wünsche dir deinen Lieblings- menschen herbei.

Auf deiner Zugfahrt durch die Welt, wo du Seen und Berge, Himmel und Erde, Sonne und Schatten passieren wirst, ist es doch schön, nicht alleine zu sein. Jemanden zu haben, der den Sitz neben dir gepachtet, oder sogar sein ganzen Leben lang reserviert hat. Um mit ihm die schönen und auch die hässlichen, die glücklichen, aber auch die traurigen Momente teilen zu können. Wäre es nicht schön, bei deiner Zugreise jemanden zu haben, der mit dir bis ans Ende fährt?

Missverständnisse

Als introvertierte Mensch, bevorzuge ich das geschriebene Wort. Ich bin sehr schüchtern und es fällt mir schwer, mich in bestimmten Situationen zurecht zu finden. Oftmals bekomme ich zu hören, dass ich arrogant oder eingebildet wirke, abwesend oder desinteressiert. Doch hinter dieser Maske, die andere vergeblich zu deuten versuchen, steckt eigentlich nur Unsicherheit. Da ich diese Unnahbarkeit ausstrahle, entstehen häufig Missverständnisse, weil mein Auftreten anders interpretiert wird, als es eigentlich gemeint ist. Um diese Missverständnisse zu vermeiden, ist es wichtig, dass man lernt, richtig zu kommunizieren.

Kommunikation ist mehr, als nur zu Sprechen. Kommunikation ist viel mehr, als die Worte, die wir sagen. Kommunikation ist mehr, als die Gespräche, die wir mit unserem Gegenüber führen.

Stehe zu dem, was dir wichtig ist. Sprich das aus, was dir am Herzen liegt, was gesagt werden muss. Habe den Mut, für dich aufzustehen, für dich einzustehen, für dich draufzugehen. Kommunikation ist, meines Erachtens nach, essentiell für gesunde Beziehungen.

Trotzdem wird sie von vielen abgetan, gar nicht richtig wahrgenommen. Viele reduzieren die Kommunikation einzig und alleine auf Gespräche, auf Worte, auf Gesagtes. Es ist aber viel mehr als das. Es ist die Körpersprache, die Mimik, die Gestik, die Körperhaltung, die Tonlage, die Aussprache, und die Art und Weise des Ausdrucks.

Kommunikation lässt sich nicht auf das Gespräch an sich reduzieren. Zu kommunizieren bedeutet achtsam zu sein, verständnisvoll zu sein, genau zu - und hinzuhören, genau zu überlegen, bei der Sache zu sein, wirklich hier zu sein. Das kann auf mehreren Ebenen stattfinden. Es gibt zum Beispiel die verbale und die non verbale Kommunikation. Auch ohne Worte senden wir mithilfe unserer Körpersprache Botschaften, die der Empfänger unterbewusst und automatisch sofort annimmt. Kommunikation bedeutet in meinen Augen, achtsam im Moment zu sein.

Ich bin der Meinung, dass das Wort an sich sehr viel Wert verloren hat und von vielen gar nicht richtig verstanden, hinterfragt oder ja, ich wage es zu sagen, in Frage gestellt wird. Aber was genau bedeutet kommunizieren eigentlich?

Kommunikation ist die Grundlage des menschlichen Zusammenlebens und als Bindemittel in unserem Alltag gar nicht mehr wegzudenken. Im hektischen Alltag haben wir tausend Dinge im Kopf, machen sieben Sachen gleichzeitig und sind dann logischerweise nicht wirklich bei der Sache. Wir sind abgelenkt und mit dem Kopf in den Wolken, anstatt aufmerksam im Moment zu leben. Wir machen zehn Sachen so halb und neun davon kriegen wir nicht so hin, wie wir wollten. Durch diese Kurzlebigkeit, mit der wir dem Leben begegnen, bleibt keine Zeit für richtige Kommunikation, die ein Instrument ist, um unsere Gefühle und Gedanken auszudrücken und einander mitzuteilen. Sie besteht immer aus zwei Seiten, ist also auf dem Prinzip der Wechselseitigkeit basierend. Um in Kommunikation zu treten, braucht es immer ein Gegenüber. Es ist ein Dialog, zwischen dir und der Welt, dir und dem Anderen. Die Verständigung, der Austausch miteinander. Sprich: Sender und Empfänger.

Wir passen nicht richtig auf, sind mit den Gedanken schon wieder sieben Schritte weiter und hören gar nicht richtig zu. Wir haben verlernt unsere Aufmerksamkeit auf eine Sache zu lenken und sind in der Multitasking Fähigkeit zu Meistern geworden.

Klingt eigentlich gar nicht schlecht, oder? Blöd nur, dass dabei oft (unnötige) Missverständnisse, Konflikte und sogar auch Leid entstehen.
Man hört nicht richtig zu. Man passt nicht richtig auf. Man antwortet auf gestellte Fragen mit einer einstudierten Antwort, ohne darüber nachzudenken.

Dieses ständig Beschäftigt-sein-müssen, ist irgendwie in Mode gekommen. Wer das nicht ist, fällt auf. Deshalb haben wir lieber fünfzig Erledigungen gleichzeitig zu bewältigen, um immer schön beschäftigt zu bleiben und uns, ein weiterer Pluspunkt, nicht mit uns selbst auseinandersetzen zu müssen (wir haben ja keine Zeit, sind super busy). Klingt irgendwie erschöpfend. Ist es auch. Warum machen wir es dennoch?
Ich bin der Meinung, dass wir durch Mangel an Kommunikation oftmals gar nicht realisieren, was eigentlich gerade passiert. Dass wir gar nicht mehr richtig hinein fühlen, gar keine Empathie mehr aufbringen können oder mögen und so Missverständnisse und Streitereien mehr oder weniger vorprogrammiert sind.

Um sich wieder auf die wahre Art der Kommunikation zu besinnen, sollte deine Aufmerksamkeit wieder bewusster auf die Sache gerichtet werden, die du gerade tust.

Versuche das Multitasking für einen Moment hinter dir zu lassen und eine Sache nach der anderen zu erledigen. So wirst du achtsamer und sorgfältiger und du wirst merken, dass du insgesamt auch zufriedener mit den Resultaten bist.
Kurz gesagt: von zehn Punkten auf deiner Liste hast du sieben erfolgreich und zu deiner Zufriedenheit abgehakt. Und zwar nacheinander, nicht gleichzeitig.

Kommunikation dient dem Ich. Ziel ist es, dass ich mein Gegenüber verstehe und im Gegenzug auch verstanden werde. Da aber oft die Angst missverstanden zu werden, wie ein Schleier über uns liegt, fällt es uns oft schwer die Wahrheit zu sagen. Es könnte den Anderen verletzen, falsch ankommen oder nicht gut angenommen werden. Doch, ich sage, das alles ist nur eine Frage der Richtgen Kommunikation.

Wozu gibt es denn die Sprache? Der andere muss nur bereit sein, sich auch wirklich auf den Dialog einzulassen. Du kennst bestimmt Menschen, die einfach nicht richtig zuhören. Wenn sie dann einmal zuhören, dann tun sie das nicht um zu verstehen, sondern um zu antworten.
Anstrengend!

Dass dein Gegenüber aufmerksam ist, genau zuhört, zusieht und begreift, was gerade passiert und du gerade zu sagen versuchst, ist die Basis einer guten Kommunikation. Dasselbe gilt natürlich auch für dich. Die Grundlage einer richtig guten Kommunikation, liegt immer an der Qualität des Zuhörers.

Das ist nicht einfach, denn manchmal bekommt man einige Worte in den falschen Hals. Die Chance seine eigene Reaktion zu verändern, ist vorbei. Man fühlt sich durch Worte oder Taten angegriffen und fährt sofort und unterbewusst seine Schutzmechanismen hoch, um nicht in seinem Ego verletzt zu werden. Das Gespräch ist beendet. Du wurdest verletzt, du bist sauer oder fühlst dich gekränkt und kaum hast du dich versehen, drehst du dich um und gehst. Du gibst deinem Gegenüber gar nicht erst die Chance, sich zu erklären oder vielleicht selbst einfach nachzufragen, ob das denn wirklich so gemeint war, wie du es aufgefasst hast. Vielleicht war es ja gar nicht dessen Absicht dich zu kränken oder zu verletzten. Vielleicht hast Du es einfach nur falsch verstanden oder falsch interpretiert. Vielleicht musst Du einfach einmal deinen Stolz überwinden und dich nicht sofort in dein Schneckenhaus zurückziehen, sondern dich dem Dialog stellen.

Noch nie war es so einfach, miteinander in Kommunikation zu treten. Die ganzen sozialen Netzwerke ermöglichen es uns, ständig in Kontakt mit den anderen zu sein. Trotzdem lässt die Qualität unserer Interaktion oft zu wünschen übrig, sprich die Quantität hat also die Qualität abgelöst. Was bedeutet das?

Obwohl wir ständig miteinander schreiben, telefonieren oder alle fünf Minuten unser WhatsApp oder die News checken, tauschen wir unsere Argumente, Gedanken und Informationen immer seltener von Angesicht zu Angesicht aus. Alles muss schnell und sofort verfügbar sein. Ich muss wohl nicht erwähnen, dass ein persönliches Gespräch ganz andere Möglichkeiten der Interaktion bietet, die jeglichen Rahmen der virtuellen Kommunikation problemlos sprengt.

Die wesentlichen Eigenschaften, auf die es ankommt, gehen in der digitalen Welt verloren. Niemand sieht, mit welchem Gesichtsausdruck du " Ja, danke mir geht es super" in dein iPhone tippst. Niemand sieht, dass du die Augen verdrehst, wenn du den sechzehnten Anruf deiner Kollegin in deinem Urlaub annimmst, obwohl du eigentlich überhaupt keine Lust darauf hast.

Niemand sieht, dass dir Tränen die Wangen hinunterlaufen, wenn du das Bild deines Ex-Freundes auf Instagram likest, denn du hast ja eigentlich schon mit ihm abgeschlossen.

Bei der Verwendung der digitalen Medien geht uns die Möglichkeit der nonverbalen Zusatzinformation, sprich Körperhaltung, Mimik, Gestik und Tonfall verloren. Wir können die Echtheit der Aussage des anderen nicht mehr wirklich überprüfen. So kommt es immer häufiger zu Missverständnissen, weil der eigenen Interpretation keine sichtbaren Grenzen mehr gesetzt werden. Wir können nicht sehen, wie der Empfänger sich verhält, wenn er verspricht sich zu ändern. Wir können nicht greifen, was der andere fühlt, wenn er uns schreibt, dass es schon okay ist, wenn das Treffen heute nicht klappt. Die Grenzen der Interpretationsfreiheit werden gesprengt, denn dem menschlichen Gehirn sind keine sichtbaren Barrieren mehr gesetzt. Du interpretierst es so, wie du es glaubst, zu wissen. Doch in Wahrheit, weißt du es nicht. Du denkst und denkst und denkst, doch du hast nicht die Bestätigung, die du nur im realen Kontakt mit dem Menschen, mit dem du gerade kommunizierst, hast.

Verstehe mich bitte nicht falsch. Es ist toll, dass wir alle so gut miteinander vernetzt sind. Man ist immer erreichbar und eigentlich "nie alleine". Doch ich komme nicht umher mich zu fragen, macht nicht genau das, irgendwie auch einsam? Zu wissen, dass man immer erreichbar ist und vielleicht trotzdem alleine zuhause sitzt und sich die Instagram Stories seiner Freunde ansieht und sich fragt, wieso man nicht eingeladen wurde. Wenn man sich die makellosen, perfekten und super gesunden Blogger auf Instagram tagtäglich ansieht und sich mit Gedanken quält: Wie haben sie das geschafft? Wie sind sie so perfekt und so schön und so glücklich? Was haben sie, was ich nicht habe? Soziale Netzwerke machen einsam. Die wahren und wichtigen Eigenschaften der wunderbaren Kommunikation gehen immer mehr verloren. Immer seltener finden wir uns wirklich präsent im Moment, weil die ständige Ablenkung durch die ganzen Millionen Apps und News uns immer wieder dazu drängen up to date zu bleiben, um auf keinen Fall, was wäre es für ein Weltuntergang, etwas zu verpassen.

Sind wir wirklich so weit gekommen, dass wir einen Facebook Chat einem Café Date vorziehen? Einen FaceTime Anruf einer Verabredung zum Dinner oder eine seitenlange Email einem aufklärenden persönlichen Gespräch?

Sind wir zu bequem geworden, ist uns das Persönliche zu anstrengend geworden? Gehen wir davon aus, besser geschützt zu sein, indem wir das Soziale Netzwerk als Kommunikationsmittel dem reale Treffen im "echten Leben" vorziehen?

Ich denke, es wäre sehr wichtig, dass man sich selbst einmal hinsetzt und reflektiert, wie sehr man von der   digitalen Welt vereinnahmt ist, um sich dann am besten selbst gewisse Grenzen zu setzen. Das kann zum Beispiel so aussehen, dass du dein Handy am Abend mal abdrehst und stattdessen ein echtes Buch in die Hand nimmst. Eine andere Möglichkeit wäre zu versuchen, dein Handy für ein paar Stunden bei Seite zu legen, einen Spaziergang durch den Wald zu machen und dir selbst somit die Möglichkeit zu geben, an deiner Achtsamkeit zu arbeiten, um Dich selbst wieder mehr zu spüren.

Du hast bestimmt schon einmal etwas von Social Media Detox gehört. Das ist nichts anderes, als das bereits oben erwähnte. Auch ich habe mich daran versucht und ich muss sagen, es war einfacher als gedacht.
Es ist richtig befreiend, der ganzen Social Media Welt einmal den Rücken zuzukehren und sich auf sich selbst zu konzentrieren.

Keine Illusionen der perfekten Welt, keine super erfolgreichen Fitness Blogger und ultimative Luxusleute, die ihren Reichtum pompös auf ihren Plattformen teilen. Einfach nur man selbst.
Wie man ist. Kein Gefühl des Nicht Genug Seins, keine Konkurrenz, in der man sich ständig sieht, wenn man das präsentiert bekommt, was man gerne hätte, aber einfach (noch) nicht hat.

Probier es doch mal aus. Ich bin gespannt, ob es dir auch so gut tut wie mir.

„In Maßen" ist das Key Wort. Social Media ist nun einmal Teil unserer aktuellen Welt. Wir sind in gewisser Weise einfach darauf angewiesen, beziehungsweise auch davon abhängig. Es liegt jedoch an uns, wie wir uns gegenüber der digitalen Welt verhalten.
Wenn ich mir selbst Grenzen setze, was meinen Social Media Konsum betrifft, behalte ich besser den Überblick. Seit meiner Detox Phase habe ich mich entschieden, nur zu bestimmten Zeiten die Dienste der Sozialen Netzwerke zu nutzen, damit es für mich etwas Besonderes bleibt.
Es ermöglicht mir in gewisser Art und Weise Kontrolle, meine Zeit nicht zu verschwenden.

Natürlich freue ich mich immer auf meine Zeit, die ich mir auf Instagram zugestehe, denn es ist schön durch die ganzen Bilder zu scrollen, schöne Zitate, glückliche Menschen und wunderbare Reiseziele zu entdecken. Aber dann ist es auch wieder genug. Sind wir uns doch einmal ehrlich, es ist schon ein bisschen zu viel Schein, als Sein. Und dann wird die App geschlossen und ich finde zurück in meinen Alltag. Das ist mein Geheimnis. Alles in Maßen.

Um auf das eigentliche Thema der Kommunikation zurückzukommen: Durch die vermehrte Nutzung von Sozialen Netzwerken entstehen immer öfter Missverständnisse. Deshalb vergiss bitte nicht, dich hin und wieder auf die „echte Welt" zu besinnen und den wesentlichen Eigenschaften einer wahrhaftigen Kommunikation, wo du dich auf deine Instinkte verlassen kannst, Raum zu geben. Denn wirklich wahre und ehrliche Kommunikation findet von Angesicht zu Angesicht statt. Mit all den verrückten Blicken, den ausschweifenden Gesten und den Höhen und Tiefen der Stimmlage, die dich ganz in den Bann deines Gegenübers ziehen.

Also halten wir fest: Richtiges Kommunizieren bedeutet achtsam zu sein. Lieber einmal mehr nachfragen und erst dann eine Entscheidung treffen. Du hast die Möglichkeit, die Worte, die du hörst, zu deuten und mit den Untermalungen, die dir die Körpersprache des Anderen verrät, viel besser und deutlicher zu interpretieren. Selbstverständlich kann es auch vorkommen, dass du wirklich verletzt werden solltest und du wirklich nichts falsch verstanden hast. Aber selbst dann, kannst du nachfragen, versuchen zu verstehen und Schritt für Schritt versuchen, das Problem aus der Welt zu schaffen. Denn, wer nicht nur en Passant, sondern aufmerksam kommuniziert, wird sich nicht länger mit Missverständnissen herumschlagen müssen. Durch die Aufmerksamkeit des Momentes, sich einzig und alleine auf eine Sache zu konzentrieren, ist es sehr unwahrscheinlich, etwas falsch zu verstehen. Das Geheimnis der Kommunikation liegt im Respekt, den wir unseren Mitmenschen entgegen bringen sollten . Das Mittel zum Zweck ist und war schon immer: Die Kommunikation!

"Man kann nie nicht kommunizieren." Paul Watzlawick

Zeit und Raum

Die Zeit gehört den Sternen, nicht den Menschen.
Was sind wir schon im Vergleich zu den Lichtern
des Himmels? Sie leuchteten bereits bevor du
diese Welt bereichert hast und werden auch noch
Lichtjahre nach dir ihren Platz am Himmel zieren.
Die Welt steckt voller Rätsel und Wunder.
Und noch mehr Rätsel und noch mehr Wunder.
Und, vielleicht sogar das Allergrößte unter ihnen,
ist das Wunder der Zeit.

Zeit, wir alle denken wir haben Zeit. Unendlich viel
Zeit. Zeit, unsere Träume zu erfüllen, unsere
Wünsche wahr werden zu lassen. Doch die
Realität sieht anders aus. Wir haben nicht all die
Zeit der Welt. Unsere Zeit hier auf Erden ist
begrenzt. Wir blenden das gerne aus und wenn
wir uns dessen dann bewusst werden, ist es meistens zu spät. Erst dann, wenn sie gegangen sind.
Erst dann, wenn das Herz gebrochen ist. Erst
dann, wenn es vorbei ist. Erst dann, wenn es
richtig weh tut. Erst dann, wenn die Melancholie
die Oberhand nimmt.

Immer wenn es zu spät ist, wenn es nicht mehr
rückgängig gemacht werden kann, wenn es keine
Chance mehr gibt, dann, ja dann, wird uns
urplötzlich bewusst, dass sie da ist. Die Zeit.

Sie ist immer da und steht nie still. Das Leben rinnt nur so dahin, gleitet uns vielleicht sogar manchmal aus den Händen. Wir haben jeglichen Überblick über die Zeit verloren. Trotz der ewigen Hektik im Alltag, trotz der ständigen Eile, verschließen wir unsere Augen gerne, wenn es um die Zeit geht. Unsere Zeit auf Erden. Das Leben ist kurz. Verdammt kurz.

"Eines Tages wirst du aufwachen und keine Zeit mehr haben für die Dinge, die du immer wolltest. Tu sie jetzt." Paulo Coelho

Angenommen, du hättest nur noch 24 Stunden zu leben, nur noch einen Tag und eine Nacht Zeit auf der Welt, dann wäre alles aus. Hier drängt sich mir die Frage auf, würdest du alles so beibehalten, wie bisher? Würdest du einfach mit allem so weitermachen wie gehabt, oder würdest du alles auf Grund auf überdenken und ändern?
Deine Persönlichkeit, würdest du auf einmal ein anderer Mensch sein, würdest du versuchen all das in die Welt hinauszuschreien, das du immer zurück gehalten, nie zugelassen hast? Würdest du? Oder würdest du hinausgehen und das tun, wovor du immer Angst gehabt hast, würdest du dich einfach überwinden und jegliche Gedanken an Angst oder Folgen abstellen und einfach das tun, wonach sich deine Seele insgeheim sehnt?

Würdest du all das sagen, wozu du bis zum jetzigen Zeitpunkt nicht in der Lage gewesen bist, würdest du es jetzt tun? Würdest du den Menschen, die dir am meisten bedeuten einfach sagen, was du ihnen immer sagen wolltest? Würdest du immer noch an all deine Probleme und Sorgen denken oder würdest du sie mit einem Schlag einfach hinter dir lassen und sie zu einem Kapitel in deiner Vergangenheit machen?

Zu einem weiteren Kapitel, dass abgeschlossen, beendet, nicht mehr präsent, nicht mehr von Bedeutung für dich ist, machen?

Was würdest du tun? Würdest du auf einmal die Person sein, die du immer sein wolltest oder die Person, die du im Grunde einfach bist, einfach du selbst? Wofür würdest du dich entscheiden?

Wäre dann dein Leid mit einem Schlag in Luft aufgelöst? Würdest du noch einen einzigen Gedanken an Negatives verschwenden oder würdest du all deinen Ballast einfach aus deiner Welt verbannen? All den Menschen, die du liebst, ein letztes Mal nahe sein, ein letztes Mal mit ihnen lachen. Was würdest du tun?

Dein Reichtum kann noch so groß, deine Familie noch so liebevoll, dein Leben noch so perfekt sein, doch wenn du keine Zeit hast, wird all das bedeutungslos. Denn Zeit ist wohl das Edelste, dass wir Menschen je erfahren dürfen.   Das

Privileg Zeit zu haben, ist nicht selbstverständlich. Keine Zeit zu haben, erregt meist erst Aufmerksamkeit. Wieso wird sie von uns als so geringschätzig abgetan, anstatt ihr den hohen Stellenwert zu verleihen, der ihr eigentlich gebührt?

Versuche dir immer wieder in Erinnerung zu rufen, dass wir alle endlich sind. Richte den Fokus auf die Dinge, die dir etwas bedeuten, die dir wichtig sind. Richte den Fokus auf die Menschen, die dir am Herzen liegen, die ein Teil von dir sind. Richte den Fokus auch auf dich.

Sich Zeit für sich selbst zu nehmen, ist absolut nicht   egoistisch und daran ist rein gar nichts verwerflich. Es ist wichtig, dass man sich Hin und Wieder auf Sich besinnt und sich die Auszeit nimmt, die man braucht, um zu reflektieren.
Die Hektik, in der wir aufwachsen und leben, setzt uns immer mehr unter Druck. Schnell, schnell, schneller. Alles jetzt sofort und danach ist viel zu später.
Ich denke, dass wir unter anderem deshalb eine ziemlich schlechte Relation zur Zeit haben.
Weder schätzen wir sie, noch kosten wir sie wirklich aus. Wir haben im Hinterkopf, dass sie ohnehin hinten und vorne nicht ausreicht und ir-gendwann folgt dann die Resignation.   Es

macht dann einfach keinen Sinn und Spaß mehr. Es geht sich alles hinten und vorne nicht aus.

Vielleicht sollten wir dankbarer mit der lieben Zeit umgehen. Dankbar, dass wir die Zeit und Möglichkeit haben, unser Dasein nach unserem Belieben zu gestalten. Und doch wir fürchten wir sie. Wir fürchten sie mehr als alles andere, weil wir ihr gegenüber machtlos sind. Wir sind ihr gegenüber hilflos ausgesetzt. Die Zeit ist somit also eines der wenigen Dinge, die nicht von Menschenhand kontrolliert werden kann. Deshalb ist sie unser Feind. Wir kennen sie nicht, wir verstehen sie nicht, wir können sie nicht dirigieren. Sie steht über uns, ist unantastbar, aber mächtiger als jeder Einzelne von uns.

Wir fürchten Macht. Macht, die nicht leibhaftig von Menschenhand kommt, nicht eigens von der Gesellschaft kreiert, sondern auf einer unerklärlichen Sphäre ihren Ursprung fand. Die Wahrheit ist, wir werden sie nie wirklich verstehen. Jeder Versuch wird kläglich scheitern. Manche Dinge sind einfach unbegreiflich.

Nicht die Zeit an sich ist es, der unsere Furcht gelten sollte. Uns selbst sollte sie gelten. Angst, etwas zu verpassen. Möglichkeiten, Chancen Träume.

Nur ein vergeudeter Moment, ist vergeudetet Zeit.
Nur ein unausgesprochenes Wort, ist eine   un-
vollendete Tat. Kein Bereuen, was man getan,
sondern ein Bereuen, was man nicht getan hat.

Zeit ist etwas unsagbar wertvolles, etwas
unfassbar Unglaubliches, eigentlich schon ein
Privileg. Findest du nicht auch?

Es ist so wunderbar, jemanden wachsen zu sehen.
Zu sehen, wie sich jemand verändert, entwickelt,
sich verwirklicht, aus sich herauskommt.
Kleine Dinge werden plötzlich groß. Träume
werden plötzlich Wirklichkeit. Lügen werden zu
Wahrheiten. Hass wird zu Liebe. Vertrauen zu
Verständnis. Saat wird zu Ernte. Neue Dinge werden alt. Unwissen wird zu Weisheit. Unerfahrenheit
zu Lebenserkenntnis. Tag wird zu Nacht. Jung
wird zu Verlebt. Wunden werden zu   Narben.
Verletzungen heilen.

All das geschieht einfach so. Auf unerklärliche Art
und Weise sind wir in die Schleife der Zeit
hineingeraten. Es ist nicht klar wieso, es ist nicht
klar weshalb. Fakt ist, keiner von uns kann sie
umgehen. Keiner von uns kann sie je verlassen.
Die Schleife der Zeit. Die Frist, die uns auferlegt
wurde, kennt niemand. Sollten wir ihr nicht mit
Demut ins Auge blicken?

Die Achillessehne der Menschlichkeit: Die Demut vor dem Tod. Das wissentliche Nicht Wissen. Als ständiger Begleiter immer in unserem Hinterkopf. Was passiert danach?

Ein Thema, dass uns immer wieder in unserem Leben begegnet. Menschen verlassen uns, wir müssen sie gehen lassen. Was kommt danach? Verwundbarer könnten wir nicht sein.
Unsicherer könnten wir nicht sein.
Vielleicht sollte man sich deshalb darauf zurückbesinnen, dass nichts für die Ewigkeit bleibt. Irgendwann kommt der Tag, an dem die Zeit einfach so stehen bleibt und deine Welt sich nicht mehr dreht. Der Tag, an dem dein Herz zu schlagen aufhört und das Leben aus deinen Augen weicht.

De Sanduhr des Lebens fließt nur so dahin, lässt sich durch nichts und niemanden aufhalten. Das ist nun   einmal die Wahrheit. Aber was bedeutet das schon? Es ist eine Lüge zu glauben, dass du alle Zeit der Welt hast, denn du hast sie nicht. Ist dir das klar? Aber fürchte ihn nicht. Fürchte diesen Tag nicht.

Erfreue dich des Lebens. Freue dich über jeden neuen Tag, so, als ob es dein letzter wäre. Freue dich über jede neue Chance, so, als ob es deine Einzige wäre. Erfreue dich an den kleinen, belanglosen Dingen, genauso, wie an den großen, Bedeutsamen.

Sei dankbar für die Menschen, die dir deine Zeit auf Erden erleichtern, verschönern und mit dir erleben.

Was auch immer geschieht, Zeit hört niemals auf. Wir sind ihrer Magie ausgesetzt und es liegt an uns, ihren Zauber zu erkennen. Denn ihre Illusion spiegelt sich in unseren Herzen wider, glasklar und kostbarer als alles was wir glauben zu sein.

Liebe und innerer Friede

Schau in die Augen eines Kindes und du wirst nichts als pure Liebe erkennen können.
Eine Liebe so tief, dass sie dich bis ins Mark erschüttern wird. Diese unbeschreibliche Liebe, die Fähigkeit zu Glauben und zu Hoffen. All das siehst du in den großen Kulleraugen eines Kindes.

Augen sind bekanntlich das Fenster zur Seele. In den Augen jedes einzelnen Menschen, wirst du einen Teil deiner Selbst erkennen, wenn du es nur zulässt.

Diese Liebe, die pure Liebe zu Allem und Jedem, die du in den Augen des Kindes siehst, ist so viel schöner als dass man es mit Worten beschreiben könnte. Diese Liebe, sie lässt dich alles vergessen und wenn du lange genug hinsiehst, dann findest du dich selbst in seinen Augen wieder.
Denn auch du hast sie noch in dir, diese unendliche Liebe. Du hast sie nur vergessen und hinter Masken und Schutzschichten vergraben.
Aber es ist noch da, sonst würden dich diese Zeilen nicht berühren.
Die Liebe dieses Kindes, dass nichts als Hoffnung ausstrahlt ist all das, was du gerne sein würdest.

"Die Liebe erträgt alles, glaubt alles, hofft alles, hält allem stand. Die Liebe hört niemals auf. "
1. Korinther 13,7

Die Welt wurde auf Liebe gebaut. Schon unsere Ahnen waren davon überzeugt. Sieh dir als Beispiel nur die Bibelgeschichten an: Gott sandte uns seinen Sohn, aus Liebe. Dieser starbt für uns, aus Liebe. Aus Liebe wurde die Welt gebaut.

Von Zeit zu Zeit zwingt dich das Leben in die Knie. Es zwingt dich genau dort hinzusehen, wo es am schmerzhaftesten ist. Du spürst, dass ein Teil von dir zerbrechen wird. Und dann stehst du da. Hast keine Ahnung, wie es weiter gehen soll. Fragst dich wer du eigentlich warst, bevor du nicht mehr wusstest, wer du eigentlich bist. Fragst dich wer du eigentlich sein willst, bevor du die Vorstellung davon verloren hast. Und das Leben zwingt dich in die Knie. Dann stehst du da und musst dich dem Kampf stellen. Dem Kampf, dem du seit du denken kannst, aus dem Weg gehst. Dem Kampf, dem du dich partout nicht stellen magst, kannst, willst. Dem Kampf, der jetzt nicht mehr unumgänglich ist. Das Leben zwingt dich in die Knie. Du kannst nicht mehr entkommen. Du kannst dich nicht mehr länger verstecken, du kannst dich nicht mehr länger belügen. Denn das Leben zwingt dich in die Knie.

Vor dem Flug kommt der Fall. Manchmal muss man erst zerbrechen, um wieder ganz zu werden. Manchmal muss man erst ganz unten gewesen sein, um ganz nach oben zu   kommen. Auch wenn du es bis jetzt irgendwie fertig gebracht hast, dir selbst und allen anderen eine heile Welt vorzuspielen, wird der Zeitpunkt kommen, wo du dich dieser Lüge stellen musst. Der Zeitpunkt, wo du sie gegenüber dir selbst nicht mehr aufrecht erhalten kannst und deine so mühsam aufgebaute Illusion in sich zusammenbricht. Dann stehst du da und fragst dich. Und das Leben zwingt dich in die Knie. Es zwingt dich genau dorthin zugehen, wo du nicht hingehen magst. Es zwingt dich genau das auszuhalten, dass du so tief in dir vergraben hast.

Die Größe deiner Probleme ist nur der Indikator an Stärke, die du eigentlich in dir hast, wozu du eigentlich fähig bist. Und das Leben zwingt dich in die Knie. Nur in der Not triffst du auf die Wahrheit. Nur in der Angst findest du die Liebe zu dem, was dir nachts den Schlaf raubt. Nur in der Sorge findest du die Lösungen, die du endlich zu finden vermagst. Nur in der Wut triffst du auf das, was du bereust. Es bringt nichts gegen die Welt zu kämpfen. Es ist verschwendete Energie, den Fokus auf den Auslöser zu legen.

Es ist nicht der Kampf an sich, der dir die Energie raubt, es ist die Konzentration auf den falschen Gegner. Der eigentliche Gegner bist nur Du. Denn das Leben zwingt dich irgendwann in die Knie. Dann bleibt dir nichts anderes übrig, als hinzusehen. Genau dort hin zu sehen, wo du zu zerbrechen drohst. Nur wer einmal verloren hat, kann sich Sieger nennen.

Es scheint nicht immer nur die Sonne. Manchmal regnet und stürmt und tobt es. Es ist nicht immer alles gut und perfekt. Manchmal ist es einfach richtig beschissen. Es ist nicht immer alles Glück und Freude und Spaß und Zufriedenheit. Machmal ist es auch einfach Wut und Trauer und Ärger und Hilflosigkeit.

Und alles was da ist, darf da sein. Alles was da ist, hat seine Berechtigung. Es wäre unklug, gewisse Dinge zu verdrängen. Es wäre noch unklüger, gewisse Emotionen zu verbannen. Lass deine Seele auch mal leiden, lass sie auch mal alles hinterfragen. Das ist ihr Weg zu heilen. Das ist ihre Methode sich wieder aufzubauen. Dich wieder aufzubauen.

Egal wie oft du den Baum fällst, seine Wurzeln sind so tief in der Erde verankert, dass er immer wieder nachwachsen kann. Egal wie oft du ihm seine Zweige raubst, er wird eines Tages wieder neues Leben aus sich heraustragen. Das ist die Kunst der Evolution. Das ist die Schöpferkraft des Universums. Es erneuerst sich immer und immer und immer wieder. Das Leben hört niemals auf. Aus dem kleinsten Samenkorn wird eines Tages wieder eine Blume sprießen.

So ist es auch mit deiner Seele. Egal wie oft sie innerlich auf Ablehnung gestoßen, egal wie oft sie qualvolle Tode gestorben ist, egal wie oft sie dunkle Zeiten ertragen oder einsame Traurigkeiten ausgehalten hat, sie kann wieder heilen. Du kannst wieder heilen. Auch wenn dein Herz gebrochen wurde, weißt du in deiner Tiefe, dass es eines Tages wieder in seiner vorgesehenen Gänze erstrahlen wird. Du wirst wieder ganz sein.

Manche Menschen sind davon überzeugt, dass in unserem Herz ein Teil der Seele wohnt.
Ein Teil von dir, ein Teil von dem, was dich ausmacht, wer du bist.

Schon Aristoteles war der Überzeugung, dass unser Herz der Sitz der Seele sei.

In unserer wissenschaftlich aufgeklärten Zeit, glaubt selbstverständlich niemand mehr, dass die Gefühle im Herz entstehen. Vielmehr wird es als Metapher und Symbol verwendet, dass als Erklärungshilfe in Hinblick auf seine emotionale Welt fungiert. Doch das Symbol ist geblieben.

Das Herz als Symbol der Liebe.

Wir fühlen uns immer wohlsten, wenn alles schön harmonisch ist, wir uns in einer inneren Balance und einem guten Gleichgewicht befinden.

Das Bedürfnis nach Harmonie, Gleichberechtigung und gegenseitiger Akzeptanz spielt in unserer Gesellschaft eine zunehmend wichtige Rolle.

Wir gehen demonstrieren, damit diese Welt ein Stückchen besser wird. Wir zeigen Solidarität, wenn etwas Schreckliches passiert.

Wir fühlen uns verantwortlich, für die Minderheiten das Wort ergreifen. Für jene, die sich nicht trauen, für jene, die es verdienen, gehört zu werden.

All das ist zu einer Selbstverständlichkeit geworden. Wir halten nicht mehr länger mit unserer Meinung hinter dem Berg, sondern sprechen das aus, was uns wichtig ist.

Für eine bessere Welt. Für einen besseren Planeten. Für die Union als Menschheit.

Ich frage mich, was ist aber mit dem inneren Frieden? Jener Friede, der über allem steht. Der Friede, mit dem alles steht und fällt. Der Friede, den wir zuerst mit uns selbst schließen müssen, um ihn dann Leben zu können? Frieden mit sich selbst zu schließen, gehört zweifelsohne zu den wohl größten Herausforderungen, die es zu meistern gilt. Oft sind wir von den äußeren Problemen so sehr beansprucht, dass der Blick nach innen vernachlässigt wird. Der Blick nach innen macht zu große Angst. Der Konflikt mit sich selbst ist zu groß. Der Kampf, den man Tag ein Tag aus mit sich selbst führt, scheint zu komplex, zu unüberwindbar. Deshalb richten wir unseren Fokus nach Außen und geben alles, um mit einem Lösungsansatz nach dem anderen den "Problemen" dieser Welt entgegenzuwirken.

Hast du dir schon einmal überlegt, dass diese Probleme nur entstanden sind, weil wir als Menschen keinen inneren Frieden in uns tragen? Dass wir als Menschen in uns selbst Kriege führen, gegen uns selbst, gegen das was wir sind, gegen den Schmerz, gegen das Leid, gegen unser eigenes Ich?

Irgendwann wird der Krieg in uns zu mächtig und unsere Seele droht zu zerbrechen, also muss sie sich erleichtern. Was passiert? Langsam und unbewusst beginnst du deinen inneren Krieg nach Außen zu tragen. Sprich, du begegnest Konflikten, indem du deinen eigenen Groll ins Universum setzt. Mit dem was du sagst, mit dem was du tust, mit dem was du bist.

Du merkst es nicht. Doch es passiert.

Den eigentlichen Grund für all das Leid, sollten wir jedoch in uns selbst suchen. Irgendwann haben wir angefangen, unsere Kriege nicht mehr in uns, sondern im Außen zu fechten. Deshalb wage ich zu sagen, dass wir alle genauso mitverantwortlich sind, für das, was wir heute als Weltkrisen bezeichnen. Jeder einzelne hat seinen Teil dazu beigetragen. Der Grund?

Der Grund dafür ist einzig und alleine der, dass wir selbst keinen Frieden in uns haben.

Vielleicht wäre also der erste Schritt, uns selbst nicht länger zu bekämpfen. Sich zu fragen, wo führe ich selbst noch Kriege gegen mich, die mich in meiner Fähigkeit Frieden zu verbreiten, hindern? Das ist der falsche Krieg, zur falschen Zeit, am falschen Ort. Wo habe ich noch einen Kampf, dem ich mich stellen muss? Wo habe ich noch eine Fehde, die ich jahrelang gekonnt verdrängt habe und fast schon erfolgreich vergessen habe?

Wäre es nicht an der Zeit, diese endlich aus der Welt zu schaffen? Aus meiner Welt zu schaffen?

Damit ich in Frieden leben kann. Damit ich die Vorstellung des Weltfriedens ein bisschen greifbarer und wahrscheinlicher mache.
Wäre es nicht fair, endlich damit anzufangen?
Sind wir das nicht all jenen schuldig, die am meisten unter den momentanen Krisen leiden?
Sind wir es ihnen nicht wahrhaftig schuldig, unsere, im Vergleich dazu banalen Zwiste, aus unseren eigenen keinen Welten zu schaffen, um ihnen die Hoffnung auf ein Leben in wahrhaftigem Frieden, nicht zu nehmen? Um Ihnen die Hoffnung auf ein besseres und sicheres Dasein auf dieser Erde, nicht zu rauben, sondern jene Hoffnung in Glauben zu verwandeln. An eine unbeschwerte Zukunft, in ihrem jeweiligen Vorstellungsbereich.

Damit ein bisschen weniger Hass existiert, ein bisschen weniger Leid erlitten, ein bisschen weniger Zweifel, ein bisschen weniger Angst durchgestanden werden muss, ein bisschen weniger Hoffnungslosigkeit in den Augen der Menschheit wider zu finden ist, ein bisschen mehr Liebe gelebt werden kann.

Im Auftrag für eine bessere Welt gibt es nur einen Weg: Wir müssen zusammen halten, uns die Hände reichen und endlich erkennen, dass manche Dinge nicht im Alleingang verändert werden können.

Wenn wir alle zusammen am selben Strang ziehen, dann können wir eine Veränderung bewirken. Es ist sinnlos, wenn jeder für sich versucht, diesen Ort zu einem Besseren zu machen. In Wahrheit, und das wissen wir alle, werden wir nur etwas erreichen, wenn wir zusammen, als Gruppe, als Team, als Gemeinschaft für etwas eintreten und eine Bewegung ins Leben rufen, die etwas verändern kann. Deren Stimme Gewicht hat und so laut ist, dass sie nicht überhört werden kann. Du alleine kannst niemals so laut schreien, wie unzählige Menschen zusammen. Wäre es nicht vielleicht klug, sich zusammenzuschließen und gemeinsam in eine Richtung zu gehen? Gemeinsam festzulegen, was man erreichen und ändern möchte? Gemeinsame Ziele zu finden und an diesen zu arbeiten? Nicht du alleine gegen den Rest der Welt. Wir, wir alle zusammen *für* etwas, nicht gegen etwas. Wenn wir alle zusammenhalten und für uns einstehen, nicht gegeneinander aufstehen. Wir zusammen, für die Welt. Nicht alleine gegen all das Böse, wir als Einheit, für das Gute.

Was wird kommen?

Aus einem "bald" sollte man vielleicht ein "jetzt" machen, bevor daraus ein "nie" wird.
Die Meisten von uns blicken der Zukunft mit Argwohn ins Auge. Es schwingt immer ein Funken Ungewissheit gen jener Zeit in Spe. Ich frage mich, wieso?

Für fast jeden bedeutet Zukunft nur eine vage Vorahnung aus möglichen Szenarien, die passieren könnten, aber nicht zwingend eintreffen müssen. Es ist das Ungewisse, die Annahme, selbst nicht in der Lage zu sein, die Zukunft bewusst und gezielt zu lenken, die uns dieses mulmige Gefühl erleben lässt.

Stimmt das? Sind wir wirklich unfähig unser eigenes Morgen zu bestimmen?

Wie du bereits weißt, spielen deine Glaubenssätze und dein damit verbundenes Unterbewusstsein eine sehr wichtige Rolle in deinem Leben.
Wenn du also denkst, dass dir alles einfach so passiert und du es stumm dulden musst, dann wird es so sein. Wenn du aber erkannt hast, dass du Herr deiner Gedanken und somit auch Herr dem dir Widerfahrenden bist, hast du gewonnen.

Erinnere dich, du bist der Autor deines Lebens und bist aufgefordert, aktiv daran teilzunehmen. Es wäre nicht richtig, sich passiv ins Publikum zu setzten und abzuwarten, welche neuen Hürden dir das Leben stellt. Stopp.
Das ist die Lebensphilosophie eines Opfers und das willst du nicht sein, oder?
Jetzt, wo du weißt, dass dir nicht nur die Hauptrolle zusteht, sondern du sie beliebig und so oft du möchtest umschreiben kannst, bist du ganz herzlich eingeladen, dies auch anzuwenden.

Die Ideologie der Zukunft, die uns durch die heutige Gesellschaft beigebracht wird, macht Angst. Wir haben das ständige Gefühl nicht auszureichen und dem Druck nicht gewachsen zu sein. Sicher, es ist nicht alles Gold was glänzt, aber vielleicht ist es wieder einmal an der Zeit zu hinterfragen, ob diese Idealisierung mit unserem eigenen Gedankengut übereinstimmt. Haben wir diese Klischees, wie auch so vieles andere, einfach blindlings übernommen oder sie auch nur im entferntesten hinterfragt? Ohne sie auch nur genauer zu beleuchten und auf ihren Wahrheitsgehalt zu überprüfen, gehen wir davon aus, dass die Zukunft Angst machen muss.

In einer Welt, in der unsere Ängste durch Medien und Advertising eher getriggert, als minimiert werden, hat das heutzutage oft zur Folge, dass wir eigenständiges Denken verlernt haben.

Wir akzeptieren bestimmte Glaubenssätze, weil wir sie so oft hören und an Paradebeispielen vorgelebt bekommen, dass wir sie gar nicht erst in Frage stellen.

Ist es unsere eigenen Trägheit, oder haben wir tatsächlich verlernt, von unserem Verstand Gebrauch zu machen?

Das Leben ist zu kurz, um dich mit weniger als dir zusteht zufrieden zu geben. Das Leben ist viel zu kurz, um unter deinem Können zu performen.

Du kannst mehr, als dich als Opfer deines Alltags zu sehen, denn dir stehen alle Türen offen.

Die Grenzen, die du dir selbst auferlegt hast, die dich klein halten, entspringen nur den falschen Normen, die du unterbewusst übernommen und zu deinem eigenen Gedankengut gemacht hast.

Diese Grenzen sind nicht echt. Sie sind eine Illusion, in der du viel zu lange gelebt hast.

Eine Illusion, der du dich viel zu lange hingegeben hast. Langsam wird es Zeit, diese Glaubenssätze in Frage zu stellen und sie letztendlich zu durchbrechen. Auch wenn du dabei das Gefühl hast, deine eigenen Grenzen zu sprengen, wird es dich rückblickend betrachtet, befreien.

Nicht das Morgen ist es, dass dir Sorgen bereiten sollte. Verpasse nicht den Moment, der gerade passiert. Indem du gedanklich meilenweit von deiner Gegenwart entfernt bist und dir der Momente wie Sand in den Händen zerfließt, verpasst du das Jetzt. Das Schlimme daran ist, dass du es nicht einmal bemerkst. Denn du bist auf einem anderen Planeten und machst dir Sorgen, was nur wäre wenn. Und dabei verlierst du das Gespür im Hier und Heute zu leben.

Dabei verpasst du das Wichtigste: den Moment im Hier und Jetzt. Du darfst nicht zulassen, dass Reue der Vergangenheit oder Sorge um die Zukunft, dir deine Gegenwart verderben.
Du bist keine Geisel jener Glaubenssätze, die man dir beigebracht hat. Salutier der Vergangenheit und feiere deine Gegenwart. Denn, hey, sind wir uns mal ehrlich, wie geil ist dieses Leben?
Es gibt absolut keinen Grund, deine dir bevorstehende Zeit zu fürchten oder das Schicksal unnötig herauszufordern. Denn das, was kommen soll, wird sich früher oder später einen Weg in dein Leben bahnen. Du kannst es fürchten oder es mit offenen Armen empfangen.   Niemand kann seine Bestimmung umgehen, es ist alles nur eine Frage der Perspektive. Willst du das, was kommt, annehmen und es als Chance sehen?

Oder willst du dir bereits Lösungsansätze für Probleme suchen, die eventuell auftreten könnten, aber eigentlich ja noch gar nicht da sind?

"Der beste Weg die Zukunft vorauszusagen, ist sie zu gestalten" Willy Brandt

Wer bin eigentlich ich?

Ich glaube, es ist an der Zeit, mich kurz vorzustellen und dir einen kurzen Einblick in meine Geschichte zu geben. Mein Name ist Katharina und ich bin 22 wunderbare Jahre jung.

Ich glaube, ich kann behaupten, dass ich trotz meines jungen Alters, schon einiges an Lebenserfahrung sammeln durfte.
Ich habe viel mit mir gerungen, unzählige Kriege gegen mich selbst geführt und diese unzählige Male nicht gewonnen. Ich bin oft vor Klippen gestanden und war versucht, mich diese Hals über Kopf hinunterzustürzen, habe es aber dann doch nie übers Herz gebracht. Es war immer etwas in mir, dass leben wollte, nicht gehen wollte, nicht aufgeben wollte. Tief drinnen wusste ich, dass ich bleiben will.

Lass mich hier etwas ins Detail gehen. Ich litt jahrelang an Anorexie. Das war eine sehr dunkle Zeit für mich. Das Essen fiel mir zunehmend schwerer und schwerer und ich hungerte mich aufs Minimum hinunter, in der Hoffnung, mich vielleicht dann endlich mehr zu lieben. In der Hoffnung, dann endlich vollkommen zu sein.
In der Hoffnung dann endlich stolz auf mich sein zu können.

Selbstliebe war immer schon ein wichtiges Thema in meinem Leben. Seit ich mich erinnern kann, haderte ich mit mir selbst und lehnte mich ab. Obwohl ich das Privileg hatte, in einer gut behüteten und liebevollen Familie aufzuwachsen, fühlte mich dennoch nie gut genug oder liebenswert. Ich suchte unerbittlich nach einer Art und Weise, wie ich mich denn endlich selbst lieben könne. Ich begann Gewicht zu verlieren und fühlte mich großartig dabei.

Endlich hatte ich ein Erfolgserlebnis und endlich konnte ich der narzisstischen Seite in mir, Paroli bieten.

Ich fand es toll, dass ich dazu in der Lage war, mich so zu beherrschen und zu kontrollieren, dass ich zu dem mir erhofften Ergebnis kam. Meine Erhabenheit spitze sich immer mehr zu, bestärkt durch die *anfangs* neidischen Blicke der Anderen zu meiner Figur.

Oh, ich war so stolz auf mich. Ich fühlte mich unbesiegbar. Die Welt war mein und ich, ich alleine war die Beste. Hier wäre es vielleicht angebracht zu erwähnen, dass ich einige narzisstische Züge in mir trage, die damals sehr auf ihre Kosten kamen. Narzissmus ist keine schlechte Sache, wenn man es nur in Maßen lebt. Aber ich kannte nichts anderes. Für mich gab es nur Gut oder Schlecht, nur Entweder Oder.

Ich musste die Beste sein und mich selbst aufwerten, mich selbst beflügeln und andere klein und schlecht reden, damit diese Methode für mich funktionierte. Und das tat ich. Ich wertete mich auf, indem ich andere abwertete und merkte dabei nicht, dass durch die Bewertung, die ich an den Tag legte, mein Herz zu einem Eisblock kristallisierte.

Doch das war mir egal. Ich war blind für all das Zwischenmenschliche, und verlor ich mich immer mehr im Wahn der Kontrolle, die ich in meinem konsequenten Nicht- Essen fand. Ich war im Glauben, dass alles gut, alles richtig, ich auf einem guten Weg war. So kam es, dass ich immer dünner und dünner wurde. Gleichzeitig wurde ich auch immer stolzer und verlor mich im Größenwahn des Narzissmus, von der sich die Magersucht nährte.

Ich muss ganz ehrlich sagen, dass diese Zeit beinahe als schwarzes Loch in meiner Gesichte zurück geblieben ist. Ich habe nur vereinzelte Erinnerungen daran. Zum Einen ist es wohl auf den Selbstschutzmechanismus zurückzuführen und zum Anderen hat es damit zu tun, dass das Gehirn einfach nicht mehr voll performen kann, wenn es so unterernährt ist und es zu Gedächtnislücken kommen kann.

Das ist also eine der wirklich gefährlichen Auswirkungen, die zu wenig Gewicht mit sich bringen können. Ganz abzusehen von den körperlichen Folgeschäden, die Hand in Hand mit dem Verlust von Muskelmasse und Antrieb gehen. Doch das war mir damals egal, ich wollte dünn sein und war bereit, jeden Preis dafür zu zahlen. Und das tat ich. Ich zahlte mit meiner Gesundheit. Ich bezahlte mit den psychischen Auswirkungen, die ich immer mehr zu spüren begann.
Ich bemerkte, dass mich das Ganze irgendwie doch nicht so glücklich machte, wie ich gehofft hatte. Vielmehr trieb es mich in eine Abhängigkeit.

Aber fühlte ich mich deswegen besser? Nein. Aber als ich mir das eingestand, war es bereits zu spät. Der Wahn Dünn zu sein, war zur Sucht geworden und ich fand mich in einer Abhängigkeit wieder. Diagnose: Magersucht.
Ich war krank und ich brauchte Hilfe. Und wie der Mensch oftmals ist, will er unangenehme Dinge anfangs nicht wahrhaben. Ich wehrte mich mit allen mir noch zu Verfügung stehenden Kräften und wollte es nicht einsehen, konnte es mir nicht eingestehen, dass die Kontrolle, die ich zu haben glaubte, außer Kontrolle geraten war. Ich hatte versagt. Versagt, obwohl ich mir doch so sicher war, alles richtig gemacht zu haben, endlich glücklich zu sein. So begann mein Kampf.

Der Kampf, der Jahre meines noch so jungen Lebens in Anspruch nehmen sollte. Der Kampf, der mir alles abverlangen sollte. Der Kampf, den ich tausende Male verlieren sollte. Der Kampf, den ich erst nach unzähligen Versuchen gewinnen würde. Denn ich hatte den gefürchtetsten und berüchtigtsten Gegner, den man nur haben kann: mich selbst. Ein Albtraum Szenario. Ich war mir selbstverständlich darüber im Klaren, wie stark ich bin, kannte meine Stärken, kannte meine Schwächen. Ich war über jede Intrige und jede Lüge im Bilde, kannte Strategien, Pläne und Gedanken meines Erzfeindes. Es fühlte sich so an, als würde ich gegen mich selbst in den Krieg ziehen und ich hatte das Gefühl, dem Ganzen niemals entkommen zu können, niemals als Siegerin die Arena zu verlassen.

Letztendlich war mir aber bewusst, dass ich in den Kampf ziehen musste, wenn mir an diesem Leben etwas lag. Ich musste meinem Feind ins Auge blicken. Ich musste dem Dämon, der im Laufe dieser Krankheit einen Teil meiner Seele vereinnahmt hatte, Einhalt gebieten und ihm trotzig in die Augen blicken. Diesen Teil galt es zu verstehen, zu akzeptieren und schlussendlich Frieden mit ihm zu schließen. Es fühlte sich so an, als würde ich einen Teil von mir selbst verlieren. Die Wahrheit ist, dem war auch so.

Krankheit hatte zwar Besitz von mir ergriffen, entsprang aber niemals meiner eigenen Vorstellung. Er war ein aufgegriffenes Gefühl, dass ich mir so oft und lange einredetet, bis ich glaubte, dass es zu mir gehörte, wie die Luft, die ich zum Atmen brauchte. Ich hatte Angst. Todesangst.

Es folgten Tage, an denen ich so hoffnungslos und verloren war, dass es für mich immer noch einem Wunder gilt, dass ich diese überstanden habe. Es gab Momente, da erkannte ich mein eigenes Spiegelbild nicht mehr. Ich verschwand immer mehr, und war drauf und dran, mich in Luft aufzulösen. Ich sah mir wie ein Voyeure, beim Sterben zu. Wieso tat ich mir das an? Wieso ließ ich es zu, dass ich in mir selbst zu Grunde ging? Wieso konnte ich mich nicht endlich dem Kampf stellen, von dem ich wusste, dass er unumgänglich war?

Ich begann zu realisieren, dass es so nicht weiterging. Ich wollte nicht noch einen Tag länger dieser Krankheit das Regime über mich und meinen Körper überlassen. Ich wollte gesund werden. Ich musste gesund werden. Mein ganzer Dank gilt meiner Familie, die mich immer unterstütz hat.

Niemals werde ich den Blick in den Augen meiner Eltern vergessen, als sie mich ansahen, voller Angst und gleichzeitig auch voller Liebe. Sie waren machtlos, wussten nicht, wie sie mir helfen konnten, waren ohnmächtig und starr vor Sorge. Sie schrieen, weinten, fluchten, beteten und flehten mich an. Sie hofften, glaubten, verstanden und versuchten alles erdenklich Mögliche, um ihr geliebtes Kind nicht viel zu früh zu verlieren.

Ihr Blick hat sich bis heute in meinen Kopf eingebrannt. Der Blick, der stumm nach Hilfe schrie. Sie sahen mich schon im Grabe vor ihnen liegen und das brach mir das Herz.

Mein kurzes Leben, mein liebes wundervolles Leben. Sollte es das gewesen sein? Sollte es das alles bereits gewesen sein? War ich nur auf diese Erde gekommen, um in meiner Krankheit zu versinken und meine Eltern mit mir in den Tod zu reißen? Ich wusste, wenn ich sterben sollte, dann würden ich meine Eltern mit mir zu Grabe tragen. Es hätte sie gebrochen. Es hätte sie vernichtet.

Zu lange hatte ich es zugelassen, dass ich mich selbst als Opfer der Umstände betrachtetet. Ich erkannte, dass nur ich selbst in der Position war, diese Krankheit zu lenken. Ich alleine, konnte dem Ganzen Einhalt gebieten.

So begann ich, mich nicht länger als unverstandenes Opfer der ganzen ach so grausamen Welt zu sehen, sondern für mich und meine Situation die Verantwortung zu übernehmen.

Ich verstand, dass ich meine alten Glaubenssätze hinter mir zu lassen musste. Natürlich machte mir das Angst. Angst, dass ich ohne diese Krankheit mit leeren Händen dastehen würde. Denn, du musst wissen, zu der Zeit als ich krank war, war die Krankheit alles was ich hatte. Es war mein Sinn. Ich lebte mit, für und durch die Krankheit und schenkte ihr meine ganze Aufmerksamkeit. Seinen Sinn im übertragenen Sinne aufzugeben machte mir Angst, ich war mehr als ehrfürchtig vor der Aufgabe, die ich zu bewältigen hatten.

Eine, mir endlos erscheinende, Ewigkeit aus Höhen und Tiefen stand mir bevor. Bergauf und genau so schnell auch wieder bergab. Ich fühlte mich unbesiegbar und in der nächsten Sekunde wieder rettungslos verloren. Ich versuchte neue Taktiken und Strategien, nur um wenig später festzustellen, dass sie sich als unvorteilhaft herausstellten. Ich hatte einen schwierigen Gegner. Unzählige Male verwünschte ich mich selbst. Die Stärke, die ich an den Tag legte, wurde mir zum Verhängnis.

Ich habe geschrien, habe gelacht, geweint, alles und jeden verdammt, nur um dann Sekunden später auf Knien um Vergebung und Erlösung zu flehen. Aber ich war gnadenlos. Wenn mein Kampf eines nicht war, dann fair. Es ist nicht fair, gegen sich selbst antreten zu müssen. Es schien wie ein Selbstmordkommando. Ich sollte mich selbst vernichten, um mich nicht umzubringen?

Wie sollte ich das also anstellen? Mich selbst zu vernichten, ohne dabei draufzugehen? Aber ich hatte keine Wahl, schließlich wollte ich doch endlich in Frieden mit mir selbst leben. Dafür mussten Opfer gebracht werden und ich war bereit dazu, alle, ja wirklich alle Opfer dieser Welt dar zugeben.
Das was ich aufgeben musste, war der kranke Teil in mir. Der dunkle Teil in meiner Seele, der sich langsam aber sicher in mir ausbreitete und mich auf meinen Tod vorbereiten sollte.
Ich hasste, dass ich die Krankheit liebte.

Ich fühlte mich schwerelos, als ob ich ohne Halt durchs Weltall glitt und die Schwerkraft sich gegen mich gewandt hätte. Hatte ich einen Fehler gemacht? Hatte ich mit der Krankheit auch mich selbst verloren? War ich dabei, mich selbst zu liquidieren?

Ich fühlte mich, wie so oft schon in meinem Leben, verloren. Ich war, nach wie vor, noch immer auf der Suche. Meine Kräfte neigten sich wortwörtlich langsam dem Ende zu. Mein Kampf war schon so lange und es war einfach kein Ende in Sicht. Doch dann, kurz bevor ich gänzlich davor war, aufzugeben, fand ich ihn. Er fiel mir in die Hände, wie ein Regentropfen in der Wüste. Ich hielt ihn in der Hand, konnte meinen Augen kaum trauen. Da war er nun: Mein Sinn.

Die Antwort auf meine Frage war so viel einfacher, als ich je zu glauben wagte. Der Schlüssel zur erhofften und lang ersehnten Heilung, lag in der Einsicht. Die Einsicht, dass ich Hilfe brauchte. Die Einsicht, dass ich, obwohl ich ein unglaublich starker Mensch bin, die Hand, die mir angeboten wurde, annehmen musste.

Und ich bekam Hilfe. Dabei lernte ich wundervolle Menschen kennen. Diesen Menschen, einer wunderbarer als der andere, gilt heute und vermutlich bis ans Ende meiner Tage, meine Dankbarkeit. Diese Menschen sahen mich. Sie konnten gar nicht   anders, als mich zu sehen. Denn, vielleicht zum ersten Mal in meinem Leben, hatte ich keine Maske auf und zeigte mich. Vielleicht, weil ich einfach keine Kraft mehr hatte. Ich war einfach ich.

Ich stellte mich vor sie und sie wussten, sie sahen, sie verstanden, dass ich krank war. Ich konnte es nicht länger leugnen und auch sie taten es nicht. Wir waren ehrlich.

Mit der Einsicht, erfuhr ich Vergebung. Und mit der Vergebung, kam die Dankbarkeit. Durch die Dankbarkeit lernte ich wieder zu vertrauen und begann mich der Welt schließlich wieder zu öffnen. Meine Hoffnung an das Gute, begann wieder einen wichtigen Platz in meinem Leben einzunehmen. Und mein Glaube, mein Glaube hat mich letztendlich gerettet. Er war mein Anker, mein Anker in der Not, die so gewaltig schien, dass ich fast daran zerbrochen wäre.

Letztendlich konnte ich doch als Siegerin diese Arena meines Kampfes um mein Überleben verlassen. Und mein Preis? Vollkommen zu sein. Vollkommen in meiner Unvollkommenheit.

Zu guter Letzt möchte ich mit einem, passender könnte es nicht sein, Zitat abschliessen. Jedes Wort dazu wäre überflüssig und ich hoffe, du kannst es einfach auf dich wirken lassen.

"Der Mensch ist dazu geboren, Großes zu leisten, wenn er versteht, sich selbst zu besiegen." Bruce Lee

Epilog

Das Schreiben ist mein Mittel, um meiner Seele
Ausdruck zu verleihen. Es hilft mir, meine
Gedanken zu ordnen und klar zu erkennen. Es ist
mein Filter, durch den ich all das, was sich in
meiner Seele aufstaut, klar in mein Bewusstsein
holen kann. Dadurch ermögliche ich mir, zu
analysieren, zu begreifen, in Frage zu stellen, zu
lieben, zu hassen, zu feiern, zu verabscheuen, zu
erkennen und zu verarbeiten. Das geschriebene
Wort ist mein direkter Draht zu meinem innersten
Gut.

Es ist echt, pur und meine reine Wahrheit.

Es ist meine nüchterne Realität. Machmal hasse
ich es und dann liebe ich es wieder. Machmal
verachte ich es, dann finde ich es ganz wunderbar.
Im Laufe dieses Buches habe ich gelacht,
geschrieen, geweint, geflucht, gebetet, gekämpft
und getanzt.
Ich denke, genau deshalb habe ich dieses Buch
so   hinbekommen. Weil ich endlich einmal
ehrlich war. Vielleicht sogar, zum ersten Mal in
meinem Leben.

Ich bin ziemlich hart mit mir ins Gericht gegangen, damit ich letztendlich die Essenz meiner Wahrheit in diesem Buch verwirklichen kann. Ich betone, es ist meine Wahrheit. Das Geschriebene steht in keinem Zusammenhang mit jeglichen wissenschaftlichen Studien und dieses Buch ist auch keine Option zu ärztlicher Hilfe jeglicher Art und Weise. Es ersetzt keine medizinische Versorgung, falls nötig, und ist auch nicht der heilige Gral des Lebens, der pure Gesundheit und nie endendes Glück garantiert. Es ist vielmehr eine Anregung oder Anleitung auf meinen persönlichen Erfahrungen basierend, dich auf deinem Weg durchs Leben zu Begleiten. Dabei habe ich besonders viel Acht gegeben, niemandem zu nahe zu treten oder zu verletzen. Falls dies doch der Fall sein sollte, übernehme ich keine Haftung dafür, da ich nicht verantwortlich für jeweilige Interpretationen des Lesers selbst bin. Mögliche Ähnlichkeiten, mit dir bereits bekannten Ereignissen, sind rein zufällig und nicht auf die Kraft meiner Gedanken zurückzuführen.

Es ist jedem selbst überlassen, dieses Buch als Anregung, Erkenntnis oder beliebige Art und Weise zu nutzen oder bestimmte Methoden in seinem Leben anzuwenden. Danke, dass es dich gibt. Du bist ein Geschenk für diese Welt, vergiss das nicht.

Herstellung und Verlag:
BoD – Books on Demand, Norderstedt
ISBN: 978-3-7494-6623-8